誤解だらけの人工知能

ディープラーニングの限界と可能性

田中潤　松本健太郎

光文社新書

はじめに

本書は、人工知能って結局何なの？　と疑問に感じている人のために、人工知能の専門家である田中潤とデータサイエンティストである松本健太郎の2人が、人工知能について分かりやすく、具体的に理解できることを目指して書いた1冊です。

はじめまして、松本健太郎と申します。本書の著者の1人です。

普段は大阪でデータサイエンスの研究およびビジネスデータ分析の仕事に就いています。研究の一環で人工知能の開発にも携わっていますが、その技術力は田中さんには遠く及ばず、専門家ですと言うと田中さんに「松本さんが人工知能の専門家ですか?」と笑われそうなので、あえて専門家とは名乗りません。

本書は、私が田中さんに1日ぶっ通しで行ったインタビューを、体系立ててまとめています。午前11時前から始まったインタビューは、途中で何度か休憩を挟みつつ、陽は沈み、私のお腹がグーと鳴ってようやく終了しました。

その後もＳｋｙｐｅやメールなどを通じて何度も内容を練り直し、ようやく完成に至りました。実に内容の濃い１冊に仕上がりました。

本文を読んでいただければ伝わると思うのですが、田中さんのキャラは「濃い」の一言に尽きます。シンプルにクセが凄い。

なぜなら、**人工知能開発者としての経験や知識量だけでなく、経営者として２０１１年から人工知能ビジネスを推進する慧眼、そのどれを取っても人並み以上のパワーなのです。**クセが凄くて当然です。

これまで人工知能に関する書籍を読んできた方ほど、本書を読まれて「本当かよ!」「そんな話は今まで聞いたことがない!」と思わず声に出してしまうでしょう。少なくとも、僕は出しました。

したがって途中で何度も田中さんから「そんなことも知らないのですか」と叱責を受けましたが、それ以上に「これ知っていますか?」「こういう話もあります!」と、知識を出し惜しむことなくインタビューに答えてくださいました。

本書は、人工知能とは何か、人工知能が産業をどのように変えていくのか、私たちはどのように対応するべきか、大きく分けてこの3章から構成されています。

今すぐにでも田中さんの話を読みたいと思われた方は、このまま興味のある箇所に進んでください。

ところで、なぜデータサイエンティストである私が田中さんと一緒に人工知能に関する本を出すのか、そもそも田中さんって何者だ、と思われた方は、少しだけ私の話に付き合っていただければと思います。

なぜ「人工知能って結局何なの?」に答える本は少ないのか

世間を賑わせている人工知能を紹介する書籍は、書店に山のように積まれています。ビジネス誌でも人工知能特集を組めばものすごく売れるそうですし、ネット媒体でも人工知能コンテンツは多くのPVを集めているようです。

おそらく「人工知能」自体の存在を知らない人はいないでしょう。誰もが人工知能について知ろうと情報を求めています。

しかし人工知能って結局何なの?　という疑問が解消されたという声はあまり聞きません。

いまだに多くの人にとって人工知能は謎の存在であり、私たちの仕事を奪うかもしれない脅威か、私たちの日常を豊かにしてくれる福音のように見ています。

簡単に言うと、人工知能とは良いやつなのか悪いやつなのか、敵なのか味方なのか、結局のところよく分からない、というのが皆さんの感想ではないでしょうか。

これほど人工知能を紹介する書籍、雑誌、テレビ、ウェブなどのコンテンツが日本中に溢れていながら、多くの人が「人工知能って結局何なの?」と疑問を抱くのには、理由があると私は考えています。

それは、人工知能を紹介するコンテンツの作り手の経験値不足か、経験を語る表現力不足が原因です。つまり、コンテンツの作り手がこの2パターンのどちらかに偏っているので、皆さんは分かったようで分からないモヤモヤが続いているのではないでしょうか。

2パターンのうち1つ目は、人工知能のプログラミング経験が全く無い、人工知能の専門家以外が作ったコンテンツです。コンサルティングを主業とする方たちが作られている場合が多いでしょう。

私も現状を整理するために、そうした方たちが書かれた書籍を買います。非常に読みやすいし分かりやすくまとめられています。おそらく文章を書き慣れているからでしょう。

しかし、いかんせん人工知能を作った経験が無いからか、「10年以内に人工知能が仕事を奪う」「自我を持った人工知能が人間と会話をする」といった実現可能性の薄い話を、さも人工知能時代の到来であるかのように紹介されている場合があります。

専門家とは言えない私ですら「どうやって実現すんねん！」と突っ込んだことが何度もありました。

実際に人工知能を作る側になれば、10年以内に仕事を奪うような人工知能が生まれるなんて夢物語に過ぎないし、こんなプログラムの羅列からどうやって自我が生まれるだろうかと小首を傾げるのですが、作ったことが無い分だけ想像が膨らんでしまうのかもしれません。

百聞は一見に如《し》かず、と言いますが、そうした方たちは見ていない分だけ、抽象論になってしまいがちなのでしょう。

結局のところ、どうやって実現するのか、具体的な時期はいつなのかが分からない抽象論に終始してしまうと、読者の側は分かったようで分からないモヤモヤが心の奥底に残り、消化不良を起こしてしまいます。だからこそ多くの人が「人工知能って結局何なの？」と疑問が氷解しないままなのだと私は考えています。

２パターンのうち２つ目は、実際に人工知能を開発している専門家が書いたコンテンツです。大学教授や、どこかの企業で研究職に従事している方たちが作られている場合が多いでしょう。

しかし、そうした書籍の多くは同じ専門家のために書かれている場合が多く、難しい数式が並ぶか、聞いたこともない専門用語が羅列しているだけの技術書なのです。プログラミングができない人からすれば、具体的ですが難解で、出だしの数ページで挫折して読み進めるのをやめてしまうでしょう。

知らない人に1から説明するのは意外と難しく、どうしても2、3あたりから話を始めてしまいがちです。

実際に私も田中さんから「そんなことも知らないのか?」と言われた側の人間です。**自分が知っていることを、どこまで他人が知らないのかを線引きするのは意外と難しいもので、今回のインタビューを通じて田中さんはかなり苦労されたと思います。**

田中さんからすれば分かりやすく解説しているつもりが、私からすれば意味不明だった場合は、容赦なく「言っている意味が全く分かりません」「それって、要はこういうことですか?」と質問しました。説明のための言葉にすら説明を必要としたからです。一方で田中さんは言葉をひねり出すのに相当苦労されていました。

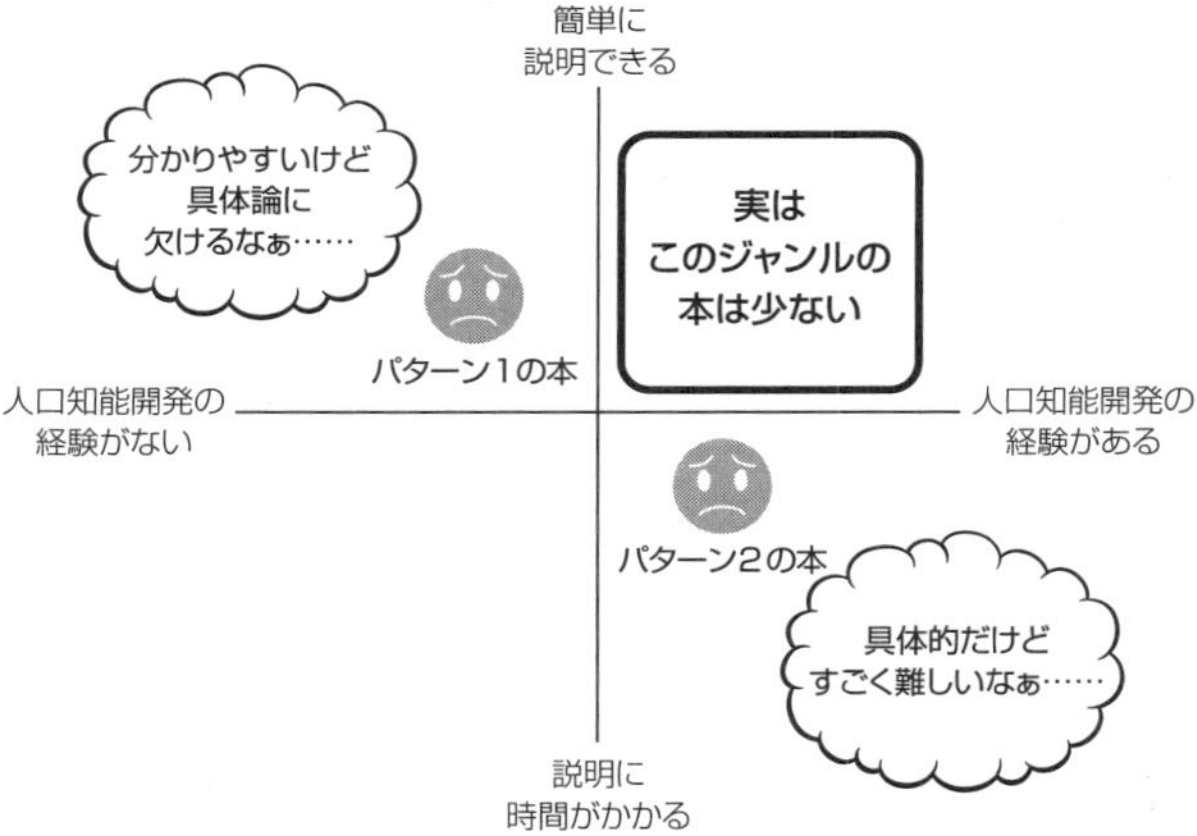

図0　人工知能の開発経験が豊富な専門家による分かりやすい書籍は意外に少ない

結局のところ、人工知能について一番詳しい専門家が分かりやすく解説できればいいのですが、意外と「分かりやすく」が難しく、説明しきれないまま、専門家か一部の「飲み込みの早い人」にしか知識が共有されていないのです。だからこそ多くの人が「人工知能って結局何なの？」という疑問が氷解しないままなのだと私は考えています。

この2つのパターンは、ざっくり図0のような四象限にまとめることができます。

実は、この図を見ていただければお分かりの通り、人工知能開発の経験が十二分にあって、かつその経験や知識を簡単に説明できれば、読者のモヤモヤも晴れるはずなのです。

しかしながら、この2つの条件を満たしているコンテンツは意外と少ないのが現状です。それはつまり、両方の能力を兼ね備えている人物が非常に少ないことを表しているとも言えます。

こうした状況を踏まえて、田中さんと私に声がかかりました。田中さんは「専門家」として、そして私は簡単に説明できる「翻訳者」として。人工知能について分かりやすく、具体的に理解できるように書かれた1冊。冒頭でも述べましたが、本書はそれを目指しています。

専門家の田中さんと翻訳者の松本

ここまで読み進めた読者なら、ふと疑問に思うでしょう。じゃあ、田中さんはどこまで人工知能の専門家なのか、と。

そこで、私から田中さんの紹介をさせていただきます。

田中さんは数学科出身で、長らく純粋数学の研究をされていました。アメリカ数学会という数学の学会でも数学論文を発表されています。

博士課程の研究課題が、金融領域で使われている量子力学の理論手法である「経路積分」だったこともあり、リーマンショック前は米国で金融系企業の手伝いをされていました。すでにその頃はディープラーニングの基礎が完成していて、「次はこの分野が来るな」と肌感覚で分かっていたそうです。それはまさに、第3次人工知能ブームの幕開けでした。田中さんはそれを本場の米国にいて肌で感じていたのです。

リーマンショック後、米国人の友達が「次は人工知能が来るぞ」とアドバイスをくれたのをキッカケに、米国での経験から「これは間違いない技術だ」と確信して、2011年にカリフォルニア大学リバーサイド校博士課程在籍中にShannon Lab株式会社を立ち上げられました。

田中さんの現在の注力テーマの1つが音声マイクです。スマートスピーカーの音声認識部分を指していると考えればいいでしょう。私も一度、田中さんの開発した音声マイクに触れた経験があるのですが、周囲の騒音を拾わず、真正面の声だけを拾ってくれる優れものでした。

通常、スマートスピーカーや人工知能アシスタントは、周囲の雑音にまで反応してしまうものですが、田中さんの開発された高性能な音声マイクは、雑音に全く反応しません。すでに研究を始めて5年経っているそうで、その成果に私はただ驚くばかりでした。

田中さんがマイクを開発された理由は、人工知能との人間らしい自然な対話を実現するには、自然言語処理などを活用して精度を上げるだけでなく、マイク自体の精度を上げなければビジネスとしての拡張性に欠けると考えたからです。**要は、人工知能と対話しようにも声を拾えなければ意味が無く、マイクの精度が上がらない限りはビジネスには使えないと判断したのです。**

人工知能との対話という大目標を掲げ、まずはマイクの精度を上げるために、音声認識の研究から始める。極めて遠回りのように見えますが、田中さんの歩んでこられた道のりは実は最短距離だったのかもしれません。

なぜなら２０１７年には、ＡｍａｚｏｎやＧｏｏｇｌｅなど人工知能を扱う巨大企業が、スマートスピーカーの開発に本腰を入れているのですから。

現在は音声認識、自然言語処理、対話アプリなどを主軸にビジネスの現場で活躍されています。人工知能のプログラミングもできて、会社の経営もされていて、米国の第３次人工知能ブーム勃興期も知っておられる、まさに専門家と呼ぶに相応《ふさわ》しい方だと私は思っています。

加えて、私（松本健太郎）自身の紹介です。

私は現在、マーケティングと人工知能の研究を行う研究所の所長を務めています。主に人工知能やデータサイエンスに関する情報発信、ビジネスデータ分析の業務に就いています。なんだか小難しい職務に見えますが、全くそんなことはありません。むしろビジネスの現場で相手に「なんか難しそうだ」と思われたら負けだとすら思っています。

例えばビジネスデータ分析の場面では、分かりにくい統計用語は使わず、とにかく平易な言葉を使うことを心がけてきました。

なぜなら「分析」という言葉がようやく市民権を得た現在でも、統計学は一般的ではなく、統計学に関する用語はビジネスの現場で馴染みが無いからです。検定、有意差、帰無仮説などの用語を使って説明していて、難しい言葉で煙に巻いているのか！　と叱られた経験は一度や二度ではありません。相手に難しいと思われた段階で、聴く力は削がれ、寄せられていた信頼は泡のように消え失せます。

叱られたくない。けれど、分析の結果は受け入れてもらいたい。そうやって頭を何度もひねって分かりやすく伝えようと試行錯誤していると、難しい内容を分かりやすく相手に伝える「翻訳者」のような能力が身に付きました。

この「翻訳者」としての能力を伸ばすにはどうすれば良いか考えた結果、「分析」が全く浸透していない業界のデータを使って分析する訓練をするのはどうだろうと閃きました。

例えばプロ野球であれば、セイバーメトリクス（統計的観点から客観的に分析する手法）を駆使して、２０１６年には、マエケンが抜けて絶対に優勝はあり得ないとされた広島東洋カープの優勝を的中させました。その他にも、安倍内閣が推進しているＥＢＰＭ（エビデンス〈証拠〉に基づく政策立案）に着目して、政府・省庁が提供するオープンデータを分析するコンテンツを作成し、「この政策は変だ」「この報道はおかしい」と情報発信をしていました。そうしたナレッジの集大成としてビジネス書も出しています。

難しいデータ分析を、身近な社会の日常に潜む数字を使って分かりやすく面白く伝えているなと思っていただけたのか、ＮＨＫに出演したり、ラジオに呼ばれたり、週刊東洋経済に寄稿したり、様々な媒体に登場させていただきました。

本書ももともとは田中さんの単著の予定でした。しかし「僕の言っていることは難しすぎると思うから、松本さん、噛み砕く役割を担ってください」というオファーを田中さんから直々にいただいて共著になりました。自分で言うのも変ですが、田中さんの難しい人工知能の話を分かりやすく翻訳できたと自負しています。

もし本書の内容で分からない点、気になる点があれば、Ｆａｃｅｂｏｏｋで問い合わせてください。答えられる範囲でお答えします。

http://www.facebook.com/kentaro.matsumoto.0716

人工知能について分かりやすく、具体的に理解できる1冊を目指して

私は、作家である故・井上ひさしさんの「むずかしいことをやさしく、やさしいことをふかく、ふかいことをおもしろく」という言葉が好きです。

したがって本書には、敵なのか味方なのかよく分からない人工知能について、これでもかというぐらい丁寧に解説するだけでなく、深く、しかも読んでいて面白く、誰かに言いたくなるような話をなるべく盛り込みました。

第1章では、人工知能とは結局何なのかについて、専門家もあまり言及していないデメリット、現時点の限界について深く掘り下げて説明しています。多くの人が「そんな話聞いたことない！」と思われるかもしれませんが、ご一読いただければ幸いです。

第2章では、ますます人工知能の活用が進むビジネスの世界において、２０１８年現時点、２０２０年代、２０３０年代、シンギュラリティが訪れると言われている２０４５年それぞれの時代に、人工知能がどのように活躍しているのかを想定してみました。

読者の方々が働いている業界では、何年後に人工知能の導入が始まり、何年後に人工知能

に仕事が奪われてしまうのでしょうか？　その答えは本書にあります。

最後の第3章では、これから活用が進む人工知能を、私たちはどのように受け入れるべきなのか、生き方、働き方を想定してみました。人工知能に仕事が奪われてしまった後、私たちはどのように生きるべきなのでしょうか。

それでは、さっそく第1章から始めましょう。

目次

はじめに 3
なぜ「人工知能って結局何なの?」に答える本は少ないのか/専門家の田中さんと翻訳者の松本/人工知能について分かりやすく、具体的に理解できる1冊を目指して

第1章 みんな人工知能を勘違いしている……23
「人工知能」とは何か?……松本健太郎の質問/「人工知能」とは……田中潤の答え/「人工知能は○○だ」と定義するだけ無駄である/「ディープラーニングはプログラミングである」という批判/人間の脳を人工的に作っているから人工

知能って言うのでしょう?／人工知能は人間の「脳」を模倣している?／人工知能はどのようにして人間を超えようとしているのか?／「シンギュラリティ」は勘違いされている／なぜ、ここまで「ディープラーニング」は注目されるのか?／ディープラーニングは画像認識の精度が凄い!／ディープラーニングは空気を読めない／「ディープラーニング」は万能なのか?／なぜディープラーニングは万能に見えるのか?／「量が多ければ良いとは限らない」通説を覆したディープラーニング／ディープラーニングは柔軟性に優れている／ディープラーニングにデメリットはあるのか?／なぜ、あらゆる場面に「ディープラーニング」は浸透しないのか?／あまり知られていないディープラーニングの性質とは?／意味を理解せず、特徴だけを見ているディープラーニング／「ディープラーニング」の弱点を克服するには何が必要か?／注目すべき技術は「理由付け」する方法／「なぜ?」が無いディープラーニング／「なぜ爆撃機は帰ってきていないのか?」という洞察は浮かばない

第2章　人工知能はこの先の社会をどう変えていくか？……………………89
第1節　2018年　90
なぜ、巨大ベンチャーは「スマートスピーカー」に取り組むのか？／なぜ事例探しに苦労するのか？／リアルデータ争奪戦が始まった／音声認識が受付UXを変える／なぜ音声認識は精度よりテクニックなのか？／音声認識はデータの前処理に時間がかかる／なぜ「やりたい内容」と「やれる内容」のギャップは生まれるのか？／どうやってギャップを埋めるか？／人工知能をビジネスに導入するには／リスク1：ディープラーニングを理解した人材の不足／リスク2：人工知能を導入する組織の勉強不足／リスク3：質の高い学習データの不足／人手不足解決のため、人工知能は誰にでもやれる事務全般を担えるか？／「忖度」のできない人工知能／お掃除ロボットの進化で考える人工知能とビジネスの距離感
第2節　2020年代　124
東京オリンピックで自動運転車、ロボットタクシーは活躍しているか？／ロボットタクシーの活躍はまだ先？／自動運転技術はどこまで進んでいるのか？／ディープラーニング＋顔認証、テロ対策にも有効か？／ディープラーニング＋顔認証

はここまで進んでいる／人工知能は挙動を学習して「怪しさ」を検出できるか？／プライバシーへの配慮／医療、建築……どんどん進むディープラーニングの導入／人間の認識率が低ければ、直ぐにでも……／「上手くいかなかった」はニュースにならない／この先、人工知能はどのように進化するか、はどうすれば分かるのか？／ロボットで考える人工知能の進化／法律、規制、倫理で考える人工知能の進化

第3節　2030年代 154

人工知能を持つロボットは人間を凌駕するか？／人の集まる「場」作りの重要さ／「当たり前にできる」が一番凄い／人工知能は教育を変えるか？／人工知能に教えられる、という違和感への反発／東ロボくんが越えられなかった壁／グランドチャレンジから次にやってくる人工知能が見えてくる／2030年でも人工知能が浸透しない業界はあるか？／人工知能の導入が進まない業界とは／ディープラーニング自体の開発が遅れている日本／ブロックチェーンと人工知能の相性は良い？

第4節　2045年以降 184

シンギュラリティが訪れて私たちの仕事を奪うのか？／人工知能とチャットボット／チャットボットは人工知能ならぬ人工無脳？／なぜチャットボットは対話ができないのか？／「あるとき」と「ないとき」の差分こそが意味／人工知能が意味を理解するとどうなるのか？／意味を理解するのは難しい／意味を理解する人工知能と人間の差は無くなる／意味を理解する人工知能に「自我」は芽生えるか？

第3章　社会に浸透する人工知能に 私たちはどのように対応するべきか？……207

人工知能が浸透した時代の働き方とは？／組織の時代から個人の時代へ／私たちは古代ローマ時代に還る／人工知能時代にこそ考えるべきベーシックインカム／ベーシックインカムはどこまで浸透しているか？／人工知能により真っ先に職場を追われる人の気持ちを考えられるか？／ベーシックインカムが無いまま人工知能の浸透が進むと……／人間は「知能」が全てなのか？／人工知能は個人の生き方すら変えてしまうのか？／個人・個性こそが全て／インターネット上の「信

用」文化／人工知能のせいで都会と地方は分断される？／企業は人工知能時代にどう立ち向かうべきか？／企業はどのような目線で人工知能を導入するか／人工知能を開発する企業に必要な心構えとは／政府は何をするべきか？／統計学科の設置を／これから訪れる人工知能時代に向けて私たちが明日からできることは？／ビジネスマンは今すぐプログラミングを始めよう／これからの21世紀を生きる子どもたちは数学をやろう／今から始めよう、今から動き出そう

おわりに 255

第1章　みんな人工知能を勘違いしている

「人工知能」とは何か？……松本健太郎の質問

2018年、人工知能という言葉をニュースで聞かない日はありません。

人間が操作することなく車を運転したと思ったら、人間の代わりに部屋まで荷物を届けたり、将棋や囲碁で人間を打ち負かしたり、医者の代わりにガン細胞を発見したり……、人工知能はあらゆる場面で活躍しています。

まさに神出鬼没と言ってもいいでしょう。

一方で、多くの人は人工知能と呼ばれる「モノ」をその目で確認したことはありません。製品の中に組み込まれているので概念としては知っています。しかし実体を確認できていないので、恐怖感を抱く人も少なくありません。

人工知能とは、一体何なのでしょうか。

実のところ、人工知能学会ですら人工知能について正確に定義できていません。図1-1は、人工知能学会に属する研究者たちの人工知能の定義をまとめた表です。

東京大学の松尾豊先生は「人工的に作られた人間のような知能、ないしはそれを作る技術」と表現され、京都大学の長尾真先生は「人間の頭脳活動を極限までシミュレートする

研究者	所属	定義
中島秀之	公立はこだて未来大学	人工的につくられた、知能を持つ実態。あるいはそれをつくろうとすることによって知能自体を研究する分野である
武田英明	国立情報学研究所	
西田豊明	京都大学	「知能を持つメカ」ないしは「心を持つメカ」である
溝口理一郎	北陸先端科学技術大学院	人工的につくった知的な振る舞いをするためのもの（システム）である
長尾真	京都大学	人間の頭脳活動を極限までシミュレートするシステムである
堀浩一	東京大学	人工的に作る新しい知能の世界である
浅田稔	大阪大学	知能の定義が明確でないので、人工知能を明確に定義できない
松原仁	公立はこだて未来大学	究極には人間と区別がつかない人工的な知能のこと
池上高志	東京大学	自然にわれわれがペットや人に接触するような、情動と冗談に満ちた相互作用を、物理法則に関係なく、あるいは逆らって、人工的につくり出せるシステム
山口高平	慶應義塾大学	人の知的な振る舞いを模倣・支援・超越するための構成的システム
栗原聡	電気通信大学	人工的につくられる知能であるが、その知能のレベルは人を超えているものを想像している
山川宏	ドワンゴ人工知能研究所	計算機知能のうちで、人間が直接・間接に設計する場合を人工知能と呼んで良いのではないかと思う
松尾豊	東京大学	人工的につくられた人間のような知能、ないしはそれをつくる技術。人間のように知的であるとは、「気づくことのできる」コンピュータ、つまり、データの中から特徴量を生成し現象をモデル化することのできるコンピュータという意味である

図1－1　国内の研究者による人工知能の定義

出典：松尾豊『人工知能は人間を超えるか』角川 EPUB 選書

システム」と表現されています。

言い換えると、これが人工知能だという定義はされておらず、これ以上だったら人工知能という最低限の線が引かれている状況だと感じています。

そこで田中さんに最初の質問です。何を、最低限どこまでできれば「人工知能」と呼べると思われていますか？　人工知能とは何なのでしょうか？

「人工知能」とは……田中潤の答え

松本さんがご指摘された通り、人工知能の定義については、色んな観点があると思います。機能的な観点、哲学的な観点、マーケティング的な観点……定義する人間によって観点や内容が違うので混乱している人も多いでしょう。

ここでは、人工知能の開発に携わり、開発の現場に出て実際にプログラミングをしている僕の解釈を話させていただきます。

僕が思うに、2018年現時点で**人工知能とは「ディープラーニング」そのものです。そして重要なのは、ディープラーニングを使って何ができるかだと考えています。**

色んな有識者が「ディープラーニングはすごい」「ディープラーニングは革命だ」と言っ

ていますよね。でも、いまいちピンと来ていない人も多いと思います。まず、ディープラーニングは何ができるかからお話ししていきましょう。

ものすごく簡単に言うと、ディープラーニングとは「分類」ができます。

種類や性質や系統など、何らかの基準に従って区分することを「分類」と言いますよね。ディープラーニングがやっているのは区分だと考えてください。

例えば目の前に猫がいたら「これは猫である」。あるいは、目の前に犬がいたら「これは猫じゃない」。その分類をしているのがディープラーニングだと理解すれば良いでしょう。ディープラーニングは「機械による目の獲得」だと言われています。なぜなら、この分類の精度が高すぎて、あたかも人間の目のように物事を認識しているように感じられるからなのです。

話は少し逸れますが、人間の日常活動も基本的には分類でしかありません。人間があまり意識していないだけです。セパレーションとグルーピングを同時に行っているのです。**セパレーションとは「分ける」、グルーピングとは「一緒にする」と訳しても良いかもしれませんね。**

日本の赤ちゃんはオギャアと生まれてから、しばらく経つと「あいうえお、かきくけこ……」の五十音を勉強しますよね。まずは「あ」と「い」は違うとセパレーションする。次に「あ」と「い」をグルーピングして「愛」「哀」という単語になると認識します。

私たち人間は、セパレーションとグルーピングを同時に行う分類能力に極めて優れている、と言ってもいいでしょう。

例えば、目の前にリンゴとミカンが2つずつあったとします。赤く丸いリンゴの特徴を捉えて、これは今まで見てきたリンゴと姿・形が似ていると判断した結果、これはリンゴだと認識する。一方、丸いけど黄色いミカンの特徴を捉えて、これはリンゴではないと認識する。さらに、同じリンゴだけど、微妙に大きさや色が違うから、違うリンゴだとも認識します。

私たちは、このセパレーションとグルーピングを本当に一瞬で行います（図1‐2）。改めて言われてはじめて自覚するぐらい、無意識に行っているのです。凄いですよね。

「分ける」というのは「分かる」と同義とはよく言ったものです。私たちは分類をすることで、物事を理解し、日常を過ごしているのです。

そう言えば「仲間意識は仲間はずれの始まり」という、あるお坊さんの言葉が一時期ネットで話題になりました。仲間意識とは同じリンゴであるというグルーピングであり、ミカンとは違うという仲間はずれ＝セパレーションでもあります。物分かりが良すぎるのも困った

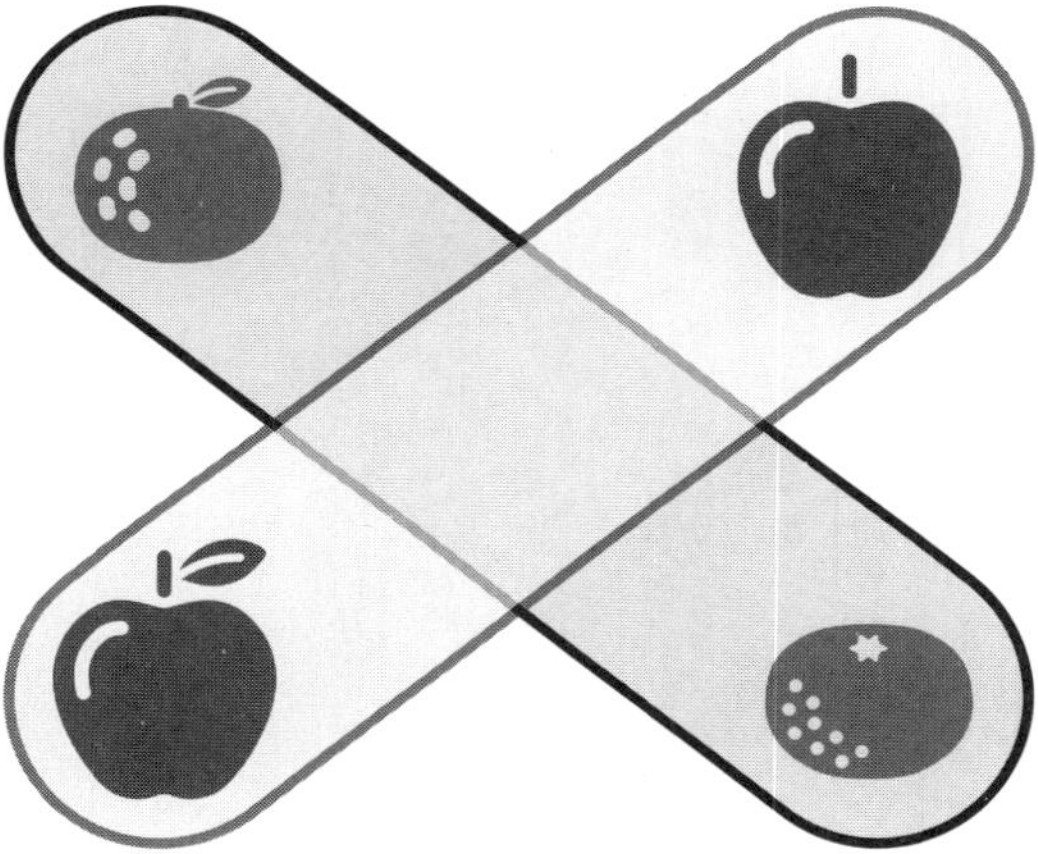

図1-2　人間はセパレーションとグルーピングを一瞬で行う

ものです。

そう考えると、ディープラーニングがあらゆる場面で活躍しているのも納得できます。僕は、人間の知能の根底には分類があると考えています。分類機能をディープラーニングで代替しているからこそ、人工知能は飛躍的な発展を遂げているのかもしれない、とさえ思えますね。

「人工知能は○○だ」と定義するだけ無駄である

一口にディープラーニングと言っても、色んな種類があります。

例えば、人間のトッププロ棋士を破った人工知能「ＡｌｐｈａＧＯ」を開発したＧｏｏ

gleの子会社であるDeepMind社が開発したDQN（深層強化学習）。その他にCNN（畳み込みニューラルネットワーク）やRNN（再帰型ニューラルネットワーク）など、様々な種類が挙げられます。

その詳細はエンジニアでも無い限り知っている必要はありません。色んな味のかき氷があるのと同じで、ディープラーニングにも様々な種類があるのだと知ってもらえればいいです。

僕が言いたいのは、欧米含む世界中の大企業が投資をしているおかげで、様々な実験を通じて、様々な種類のディープラーニングが驚くべき速度で成長し続けているということです。こうしている間にも、新しい発見が世界各地で起きています。

例えば、2017年11月には、ディープラーニングを使った画像認識で人工知能の研究に衝撃を与えた、カナダのトロント大学に勤めるジェフリー・ヒントン教授が「カプセルネットワーク」と呼ばれる新しいディープラーニングを発表しました。

したがって人工知能とは何かということをわざわざ定義するよりも、年代ごとに「これが人工知能を代表する存在です」と言っていくしかないのです。なぜなら、そんな定義を覆す研究が発表され続けるのですから、定義したって仕方が無いでしょう。

ちなみに、今起きている人工知能ブームは第3次だと言われています。人工知能＝ディー

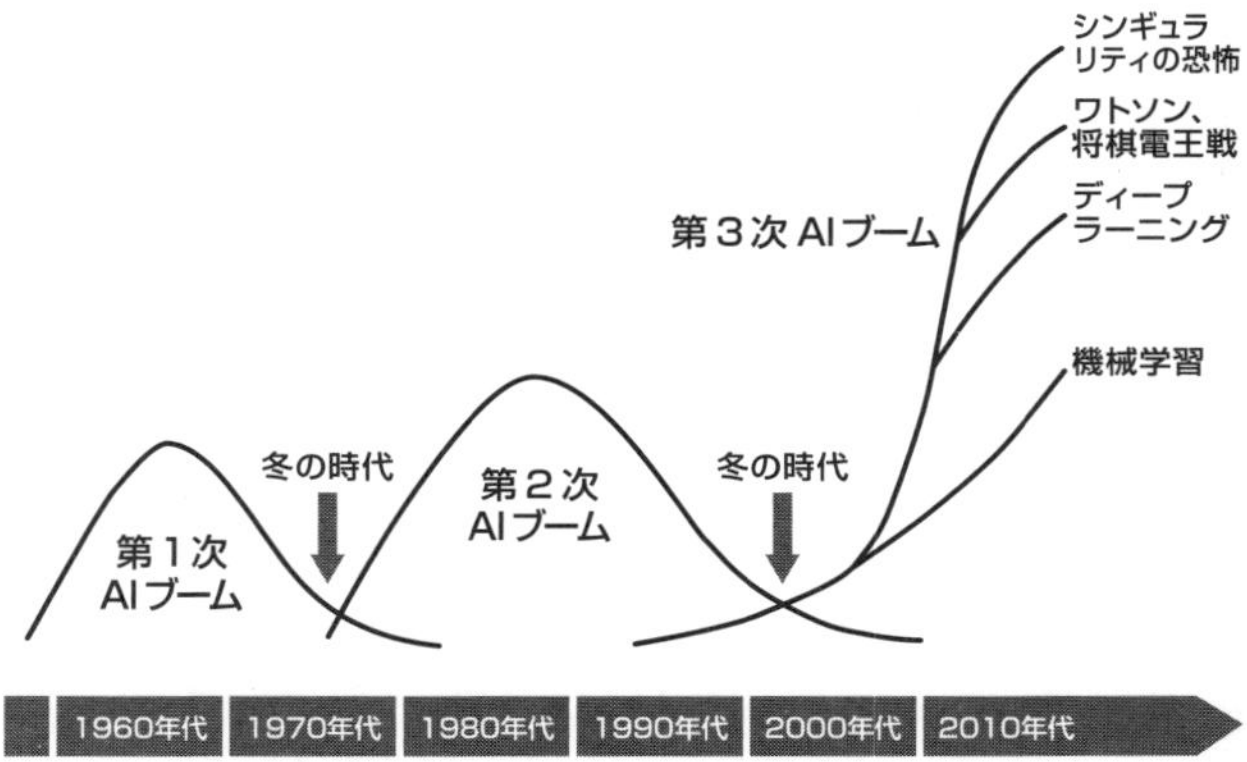

図1－３　第１次〜第３次人工知能ブームの大まかな流れ
出典：松尾豊『人工知能は人間を超えるか』角川 EPUB 選書

プラーニングだとすると、第1次・第2次は一体何なのだ、その頃はディープラーニングなんて無かったのだから矛盾が生じるじゃないか、という意見が出るかもしれません。

それは前提が間違っているのです。人工知能が第1形態、第2形態と進化しているという前提に立つから、そう思ってしまうだけなのです。

第2次人工知能ブームにおいてメインで使われた手法の延長線上に、ディープラーニングで構成される第3次人工知能ブームがあるわけではありません。つまり以前の人工知能と、現在の人工知能は分けて考えるべきなのです（図1・3）。

人工知能で実現しようとしている目的は、

人間の知能そのものを作るか、人間の知能を代替できるような機械を作るかの２種類に分かれます。しかしそのための手段は、第１次、第２次、第３次の人工知能で全く違います。

代表的な例をそれぞれ挙げてみましょう。

１９５０年代後半から１９６０年代まで続いた第１次人工知能ブームでは、「推論・探索アプローチ」と呼ばれる方法が使われていました。つまり既存の情報を組み合わせて「こうじゃないか?」という提案をする人工知能です。既存の情報は事前に人工知能に教える必要があります。

第１次ブームにおける人工知能は「すぐに答えを教えてくれる人工知能」と言えばいいでしょう。ただしその後、すぐに答えを教えてくれる範囲があまりに狭くて冬の時代を迎えます。

続いて１９８０年代に起きた第２次人工知能ブームでは、「ルールベース」と呼ばれる方法が使われていました。ルールベースとは、「もしも○○なら××」という前提と結果の組み合わせをルールと呼んで、ひたすらルールで現象を網羅する仕組みを指します。

第２次ブームにおける人工知能は「物知りな人工知能」と言えばいいでしょう。ただしその後、現実社会におけるルールの組み合わせは膨大にあるので、何をどこまで教えればいいのかという壁にぶつかり冬の時代を迎えます。

そして2000年代前半から現在も続く第3次人工知能ブームでは、「機械学習」と呼ばれる方法が使われています。これは、データを機械に覚えさせて、そのデータの規則性・周期性から答えを予測して結論を導く方法です。中でもディープラーニングは2006年に登場した遅咲きですが、「分類の精度の高さ」という特徴から、機械学習の中でもメインとして使われるようになります。

ちなみに、機械学習の特徴である規則性・周期性から答えを予測する方法は、先ほど述べたグルーピングとセパレーションそのものだと言えます。姿・形からリンゴだと答えを予測するという事例は、機械学習を分かりやすく説明したものですね。

第3次ブームにおける人工知能は「学習する人工知能」と言えばいいでしょう。データを与えれば与えるほど、人工知能自身が賢くなっていくのです。

こうした歴史から分かるように、時代によって人工知能で実現できる内容、そのための手法は大きく変化しています。第1次人工知能ブームの頃から見れば、第3次人工知能で実現できる内容はあまりに多岐にわたっていて、驚いてしまうのではないでしょうか。

したがって2018年現時点において「人工知能とは何なのか?」と聞かれれば「それは

ディープラーニングです」と答えますし、「最低限、何ができれば人工知能と呼べますか?」と聞かれれば「ディープラーニングを使ってやりたい内容が実現できれば人工知能です」と答えますすね。

おそらく2030年に活躍する人工知能、2045年に活躍する人工知能は、今よりもっとレベルが高いものでしょう。もしかしたら人工知能=ディープラーニングでは無くなっているかもしれません。

「ディープラーニングはプログラミングである」という批判

「2018年現時点においては、人工知能とはディープラーニングである」というのが僕の持論なのですが、研究者の中には「ディープラーニングは単なるプログラムだ。自我が無いから知能では無いだろう」と指摘される方もおられます。

ちょっと待ってください、と僕は言いたいですね。

そもそもの前提が間違っているのです。**自我のある・無しで、知能が定義できるのでしょうか。関係ないと思います。**むしろ、自我があるから人間はバカな振る舞いをするのではないかとすら思います。

「あの人ばかり注目されていて面白くない」「あの人がいるならこれを選ぼう」といった嫉妬やエコ贔屓《ひいき》も自我のなせる業ですよね。取引していれば儲かったかもしれないのに、自我が邪魔をして儲からなかったという経験、皆さんにもありませんか？

取引して会社が儲かって、自分も社内で認められて、世の中に何か還元できて、近江商人のように三方良しとなるはずが、そうはならなかった。それは、知能がある行為だと言えるのでしょうか？

ディープラーニングはプログラムですから、プログラム通りに動きます。与えられたルールの枠内で、最大限合理的に行動しようとします。嫉妬やエコ贔屓に振り回されません。言い換えると、期待通りにしか動かないのです。

ディープラーニングの登場で人工知能は第3次ブームを迎えるほど、実現できる内容が多岐にわたるようになりました。ある領域では人間を軽く凌駕するほどの能力を発揮しています。そうした結果を見て、人工知能は自我を持つようになるか？　自我を持つとどうなるのか？　という哲学的な問いかけが流行していますよね。

書店に行くと人工知能コーナーが設けられているのですが、プログラミングに関する技術書より、こうした哲学書の方が多く陳列されている印象です。

僕、すごくガッカリしているのです。なぜなら、生産的じゃ無いからです。人工知能開発者は人工知能に自我が芽生えるかどうかなんて興味ありません。人工知能を作れない人が、人工知能を知らない人に向けて「問題だ」「凄い」と言っている。そんなのどうだっていいだろう！　と言いたいです。

あまりにも誤解が広がっているから、研究者が慌てて「そうじゃないんですよ」と修正するような事態がしばしば起きています。本当に勘弁してほしいと思います。

人工知能とは「知能」の再現であって、「人間」の再現じゃないのです。そこだけは勘違いしてほしくないですね。

人間の脳を人工的に作っているから人工知能って言うのでしょう？

最初に「人工知能という言葉をニュースで聞かない日はありません」と言いました。「ディープラーニングにあらずんば人工知能にあらず」という田中さんの定義からすると、世の中のほとんどの人工知能が、実際は人工知能とは言えない、という話になりかねませんね。人工知能もどき、とでも言えばいいのでしょうか。

確かに、何にでも人工知能と言うようになってきて、さすがに私も「おいおい本当かよ？」と思うようになりました。

例えば、マーケティングの世界でも人工知能という単語が登場するようになりました。しかし実際のところは、単なるデータ分析作業の自動化止まりという場合が多いようです。田中さんの定義に照らせば、人工知能でも何でもありません。

要はマーケティング的な観点として「人工知能って言っておいた方がウケはいいよね」という理由で、そう名乗っている可能性もあります。人工知能と言っておけば人気が出るのは事実ですから。

確信犯として人工知能と名乗っている人たちもいれば、本気で人工知能の意味を勘違いしている人たちもいます。

そして、後者の大多数が「人工知能って、人間の脳を人工的に作っているから人工知能って言うのでしょう？」と受け止めています。言い換えると、人間がやっていることを機械がやれば人工知能になるのです。

以前、単なるデータ集計の自動化ツールに人工知能搭載と銘打ったサービスがあったので「さすがに言いすぎじゃないですかね？」と聞いてみたら「人間のやっている作業を機械がやっているのだから人工知能でしょ？」と真顔で言われた経験があります。

田中さんの定義に対して「人間が考えている内容、考えそうな内容を模倣した機械を作っているのに、人工知能じゃないってどういう言いがかりですか？」という批判の声も出てきそうですね。そうした意見にどのように反論されますか？

人工知能は人間の「脳」を模倣している？

もし、その模倣がディープラーニングによって実現しているなら良いのではないでしょうか。でも、そうじゃないのですよね？　じゃあ、人工知能とは言えないでしょう。

それに対して批判されても……とは思いますね。むしろ僕からしてみれば、世間一般で言われている人工知能の定義の範囲の広さが意味不明ですね。

人間のやっている作業を機械化するなんて、19世紀の産業革命時代から延々とやっているじゃないですか。その時代から「人工知能」があったということですか？　そんなわけないですよね。

世間の人は、単純に「感覚」で言っていますよね。「あ、こいつ頭いい」「なんか凄いことができている」って思ったら、たぶん人工知能なのでしょう。ですが「これが人工知能であるのは人間の脳を模倣しているからだ」と考えるのは、ちょっと飛躍が過ぎます。

もともとディープラーニングは、ニューラルネットワークと呼ばれる人間の脳の仕組みを模倣した数学モデルを土台としています。

人間の脳は、ニューロンと呼ばれる神経細胞で構成されています。ニューラルネットワークという言葉も、もとはニューロンから生まれています。**人間の脳自体がニューロンのネットワークになっていますから、それをプログラムとして模倣したのです。**

ニューラルネットワークの歴史は、実は意外と古いのです。さきほど第１次人工知能ブームでは「推論・探索アプローチ」と呼ばれる方法を使っていると説明しましたが、その方法の１つである「パーセプトロン」にまで遡ります。

パーセプトロン自体は本当に単純です。図１‐４のように、インプットの入力層とアウトプットの出力層で構成されます。インプットに対して何らかの重み付けをしておいて、その合計が一定以上であれば出力は１になり、一定未満であれば出力は０になります。

例えば、入力がそれぞれ10、20、30だったとします。重みがそれぞれ２だとすると、合計で１２０になりますよね。もし、合計が１００以上で１とするならば、今回の計算は１００を超えているので１という出力になります。もし、１５０以上で１なら、今回の計算は１５０を超えていないので０となります。

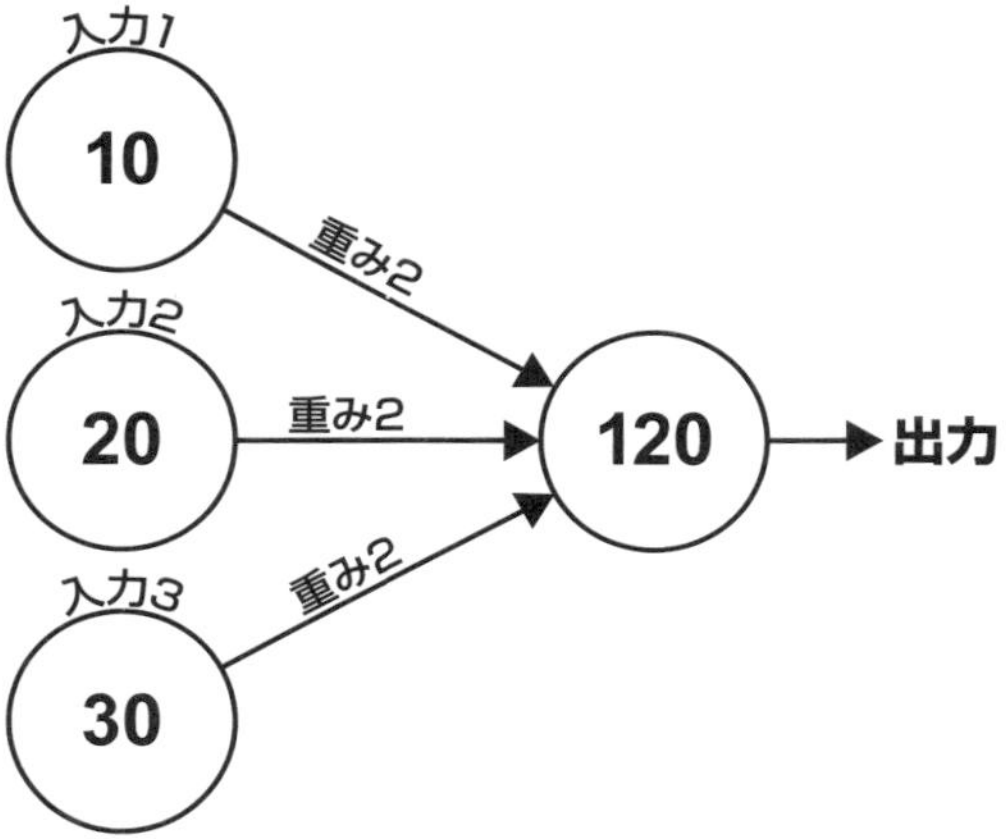

図1-4　パーセプトロンのイメージ図

実際は1という結果になるはずが0になった場合は、重み付けの値を少し調整します。そうした細かい修正を繰り返す手法が発展して、ニューラルネットワーク、ディープラーニングに進化していきました。

おそらく「人間の脳を人工的に作っているから人工知能」という発言も、ニューラルネットワークが人間の脳を模倣したプログラムだという説明を、歪曲して受け止めている人が大勢いるからでしょう。

人間の脳自体を模倣する、再現するという観点では、ディープラーニングだけでは全く足りません。そもそも人間の脳がどういうふうに機能しているか自体が、いまだに全然分かっていないのです。模倣をするにしろ再現をするにしろ、ある特定の機能のうち特定の動きを少しだけ、といった程度です。

つまり人間の脳を人工知能で模倣して作るなんて「神話」なんです。第１次人工知能ブームの最初の頃に少しあったかな？　という程度です。

実際、人間の脳そのものを研究する脳科学分野と区別するために、最近ではニューラルネットワークをＡＮＮ（人工ニューラルネットワーク）と表現するぐらいです。それぐらい全く別物なのです。

人工知能はどのようにして人間を超えようとしているのか？

現在の主流であるディープラーニングを使った人工知能は、人間の脳には無い、機械が持つ２つの強みを活かして人間を超えようとしています。

１つ目の強みは、リソースさえあれば無限にありとあらゆるシミュレーションができる点です。リソースとは、いわゆるマシンパワーと呼ばれる、コンピューターの総合的な処理能力を指します。

パソコンが１台よりも２台を並列して作業した方が処理時間は短いですよね。それと一緒です。ＧｏｏｇｌｅやＦａｃｅｂｏｏｋは何万台、何十万台というマシンを稼働させて、人工知能の処理を行っていると言われています。

2つ目の強みは、記憶が完璧な点です。機械が故障でもしない限り、一度記憶したことを忘れることは絶対にありません。

パソコンやスマホは、一度電源を落としても、デスクトップにあるファイルやメモの中身が真っ白にはなっていませんよね。それと一緒です。人間が一生かけても覚えきれない大量のデータを、欠かさず覚えられます。


この2つの強みを活かして、人間のありとあらゆる能力を超えていくのが人工知能開発の方針だと思えばいいでしょう。


そもそも人工的に脳を作るなんて面倒な遠回りをせずに、与えられた環境で最善を尽くすだけのプログラムを書けば良いのです。

例えばチェスや将棋、囲碁などのゲームに登場する人工知能を搭載したプログラムを見てください。ゲームで人間に勝つために、まず人工知能学者が脳を模倣して作り、その脳がチェスや将棋、囲碁などを勉強するのではありません。人間と対戦して勝つことのみを目的にした人工知能が開発されるのです。

2017年5月に、Ｐｏｎａｎｚａと呼ばれる人工知能将棋が佐藤天彦名人に勝利しました。佐藤名人は２０１６年5月にはあの羽生さんにも勝利するほどの腕前を持つプロ棋士です。Ｐｏｎａｎｚａの勝利を受けて、将棋における人間の敗北は決まったとすら言われています。

でも、Ｐｏｎａｎｚａは将棋で人間に勝ったから、将棋より差し手が少ないチェスでも人間に勝てるでしょ？　というのは誤解です。そもそもルールが全く違いますから、今のＰｏｎａｎｚａのままでは何１つとして勝負できず人間が勝利するでしょう。なぜなら、Ｐｏｎａｎｚａは将棋という限られたルールにおいて勝利するために特化した人工知能だからです。汎用性のある人工的な脳の誕生はまだ何十年も先の話でしょう。いや、そもそも訪れるのかどうかも怪しいですね。

人工知能を作るにあたって、必ずしも人間の脳を模倣する必要はありませんし、それを目指している研究者なんてほとんどいないでしょうね。なぜなら、まず脳の究明に時間を費やす必要が出てきますからね（笑）。

それよりも「マシンパワー」と「完全な記憶」という2つのメリットを使って、人間に勝つ方法があるはずだという発想に立って人工知能を開発している研究者がほとんどでしょう。

「シンギュラリティ」は勘違いされている

今、ものすごく重要なことを言ったと僕は思っています。

あえて繰り返しますが、2018年現時点では、チェスや将棋、囲碁など、ある分野に特化した人工知能が開発されているに過ぎません。ディープラーニングの登場により、ようやく将棋、囲碁などで人工知能が人間に勝つようになってきたのです。

きっと本書を読まれている読者の皆さんは、総合的に見て人間に勝る人工的な脳が秘密裏に作られていると思っていませんか？　ある日突然、そのような研究が世界レベルで公表され、あっという間に仕事が無くなり、人工知脳の奴隷として働くしかないという妄想にかられているのではありませんか？

そうした脳の登場こそ、未来学者であるレイモンド・カーツワイルが提唱する、人工知能が人間を超える瞬間を指す「シンギュラリティ（技術的特異点）」だと思われているのではないでしょうか？

相当な勘違いです。もはやSFです。

例えば、今ある仕事を100個思い浮かべてください。先生、経理、翻訳者、数学者、コンピューターサイエンス、色んな職業がありますよね。**1つ1つが、その職業専用の人工知**

能に代替されていった結果、そのうちの99の職業で、速度も正確さも細やかさも、あらゆる観点で人間より人工知能が勝っていると言えれば、それがシンギュラリティだと言ってしまっていいでしょう。

人工知能が人間を超えるとは、100試合ごとに異なる人工知能が登場して、人間と戦った結果、人間が大きく負け越した瞬間を指していることだと考えてください。

将棋も囲碁も負けました。この先、色んな場面で徐々に人間が人工知能に負けていくでしょう。やがてどこかの誰かが「なんか仕事ないね」と口にした瞬間がシンギュラリティと呼ばれるのです。まぁ、その状態まで来れば、人は働かなくてもいい状態になるでしょうけどね。

「シンギュラリティ＝何にでも対応できる人工知能の誕生」「シンギュラリティが来たら人間が完全に人工知能の奴隷になる」と思う人は多くいるようですが、そうではありません。徐々に、1個1個負けていくのです。

スーパープログラマ集団を極秘に招集して、しゃかりきになってプログラムを組んだとしても、100個ある職業に自由自在に対応できる人工知能なんて、シンギュラリティが訪れるとされる2045年にも完成していないでしょう。

「あらゆる観点で人間より人工知能が勝っている」と述べましたが、世界を代表する数学者である一方、世界を代表するミュージシャンなんて人はいないでしょう。**人間ですら総合的に見て何か1つに優れていればまだ良い方なのに、どうしてその人間を模倣して総合的に何にでも優れている脳が誕生するのでしょうか？**

確かに、その通りですね。

論理的に考えれば変なのに、僕自身もあまり理解できていないので、飛躍している話を「そんなものか」と受け止めていました。人間の脳をモチーフにしていれば、人間の脳を超えたりしませんよね。コピーは本物を超えられません。

イーロン・マスクやスティーヴン・ホーキング博士のような知の集大成のような著名人たちが、こぞって人工知能は悪魔だ、シンギュラリティで人間は破滅すると警鐘を鳴らしているので、私はシンギュラリティを人工知能に完全に敗北する瞬間のように捉えていました。

シンギュラリティとは、人間に勝利する人工知能の誕生の瞬間ではなく、人間に勝てる人工知能たちが出そろったと考えればイメージは大きく変わりますね。

シンギュラリティに到着するまでの数十年間を「プレ・シンギュラリティ」として、人工知能に負けるまでの準備期間だと考えれば、過剰に恐れる必要もなさそうです。このあたりの話は第2章、第3章でさせてください。

なぜ、ここまで「ディープラーニング」は注目されるのか？

次に、田中さんの言葉を借りれば、まさに人工知能そのものであるディープラーニングについてお伺いしたいと思います。

２０１２年、Ｇｏｏｇｌｅとスタンフォード大学との共同研究の成果が世界中を震撼させました。

ＹｏｕＴｕｂｅから抽出された１０００万枚の画像と１０００台のサーバを用意して、３日３晩かけてコンピューターが画像を解析した結果、猫の画像を人間が「これは猫だよ」と説明しなくても猫と認識することができたと発表したのです。

この発表は、Ｇｏｏｇｌｅの公式ブログで発表されました。今でもＵＲＬは公開されていますので、興味がある人は見てみるのもいいでしょう。

https://googleblog.blogspot.jp/2012/06/using-large-scale-brain-simulations-for.html

以降、ディープラーニングを使った研究成果の発表、ならびにディープラーニングを取り入れたビジネスの公開が相次いでいます。

Googleの発表から2年経った2014年、まずはメガベンチャーが動きます。3月、Facebookが「DeepFace」と呼ばれる顔認識技術を発表しました。Facebookに画像を投稿すれば、自動で顔の周りを白い線で囲われて、場合によっては自動で「○○さん」とタグ付けされますよね？　あの技術の土台になっています。

同じく2014年12月、Microsoftが、Skypeを使って英語とスペイン語をリアルタイムで通訳できる機能をリリースしました。年を重ねるごとに通訳可能な言語の範囲が広がり精度も高まって、2017年の段階で、英語、フランス語、ドイツ語、イタリア語、中国語(マンダリン)、アラビア語、ポルトガル語、スペイン語、ロシア語、日本語の10カ国語が選択できます。

この頃からでしょうか。ディープラーニングはヤバいらしいと各社が目の色を変えて動き出し、政府も支援に乗り出しました。

そこで次の質問です。ディープラーニングは、なぜここまで注目を集めているのでしょうか？　何か特別な新しい発見でもあったのでしょうか？　先ほど田中さんは「ディープラーニングは分類をしている」と説明されましたが、何が凄いのかに焦点を絞って教えてください。

ディープラーニングは画像認識の精度が凄い！

ディープラーニングを用いた新たな発見として、もっとも分かりやすいのは「画像認識」です。ですから画像認識を例に挙げて何が凄いのかを説明していきましょう。

２０１３年の時点で、ディープラーニングを使って猫や犬の画像を機械が解析して「これは猫です」「これは犬です」と正しく認識できる割合は90％強を超えていました。

ちなみにＩＬＳＶＲＣと呼ばれる画像解析コンペティションでは、２０１５年に精度が96％を超える記録を叩き出しました。この数字は、人間の認識精度を超えています。つまり画像認識の精度という観点では人間は人工知能に負けているのです。

しかし、１つの画像に犬や猫が３匹も５匹も写り込んだ複雑な写真となると、認識できる割合は大きく下がりました。

人間の場合、１つの画像の中に写った様々なモノをそれぞれ別個だと認識できます。かつ、どこか部屋の中の写真であれば「部屋の中にいる犬と遊んでいる赤ちゃんの写真」とまとめて表現できます。これが先ほど説明した、セパレーションとグルーピングという能力ですね。

しかしディープラーニングを使う場合、読み込んだ画像に写った様々なモノを全て１つのモノだと判断してしまいがちでした。

３人の坊主の高校球児が肩を組んで写った画像だと、人間が見れば「野球だね」と認識して、「青春だなぁ」という感想まで述べるでしょう。しかしディープラーニングは「頭が３個？　手が６本？　……もしかして千手観音？」と誤認識してしまう。本当は３人の高校球児なのですが、正解とは違う解答を導き出す事象を「誤認識」と言います。

ちょっとオーバーに表現していますけど、それぐらいセパレーションとグルーピングの能力は、まだよちよち歩きの赤ちゃんでした。

２０１６年後半になって、ＹＯＬＯ（Ｙｏｕ Ｏｎｌｙ Ｌｏｏｋ Ｏｎｃｅ）というリアルタイム画像認識を行うプログラムが広く浸透していきました。

ＹＯＬＯを使えば、１枚の画像に猫や犬が５匹も10匹も写っていても、それぞれをかなり

図1－5　ある駐車場の画像を解析した結果

正確に認識できるようになったのです。もちろん犬や猫だけを認識できるのではありません。人、車、鳥、バス、植木鉢、色んなモノが複数写り込んでいても、それぞれを別々に正確に認識できるようになりました。

僕からすると、ディープラーニングのレベルがまた飛躍的に上がったなと感慨深いものがあります。

ちなみに、ＹＯＬＯとはスラング英語である「ＹｏｕＯｎｌｙＬｉｖｅＯｎｃｅ」（人生一度きり）をもじったようです。ギークなエンジニアって、こういう言葉選びもセンスがありますね。

ただし、ＹＯＬＯであっても１００％正確ではありません。精度と言った方が良いのかな。認識しない場合もありますし、誤認識してしまう場合もあります。例えば、このある駐車場の画像を見てください（図１－５）。

ＹＯＬＯを使って、この画像から自動車やバスの認識に成功しています。画像の精度さえ良ければ、ナンバープレートに書かれた文字・数字を認識して、それをテキストで表現できるようにもなります。

さて、写真の右はじを見てください。トラックなのにバスだと間違って認識していますよね。おそらくはトラックなのかバスなのかを識別するのに、車の前方部分が写っていないと誤認識しやすいということでしょう。

全体の一部分であれば、このように誤認識をするか、あるいは評価できない可能性もあります。

このような弱点は抱えつつも、この先さらに進化していけば2018年には動画認識の精度も上がっていくでしょう。動画に写り込んだ様々な物体を、かなり高い精度で認識できるようになるのではないでしょうか。

なぜなら、動画を静止画に細かく分解して、その静止画を1つ1つ解析していけば良いだけですから。実際、2017年9月時点でYOLOのオフィシャルサイトでは、ある映画のワンシーンを切り取って、そこに映り込む様々な情報を認識することに成功したデモ動画が公開されています。

こうした最先端の技術を見ていると、本当にワクワクしますね。

ディープラーニングは空気を読めない

どうでしょうか。皆さんの想像している人工知能像からすると「そんなものなの？」と思われるかもしれませんね。**僕からすると「そうですけど、何か？」という感じです。正直、まだそのレベルです。**

現場に出てディープラーニングのプログラムを書いている私からすると、この期待値との差に驚いています。理屈が分かっていないから、何でもできてしまうように思えるのかもしれません。

そう言えば、こんな相談をいただいたことがあります。「会議の雰囲気をディープラーニングで認識できませんか？」という依頼でした。要は「場の空気を読む」という人間のスキルを、ディープラーニングを使って実現できませんか？　ということです。

重い空気、ピリピリした空気、緊張感漂う空気、団結感漲《みなぎ》る空気。色んな雰囲気がありますよね。ディープラーニングで会議室の空気が重くなってきていると認識したら、スマートスピーカーが「いったん空気の入れ替えをしませんか？」とアナウンスする。これは売れると思うので、作ってくださいと言われました。

最初、何を言っているのか分からなくてポカンとしちゃいました。画像を認識できるなら雰囲気だって認識できるだろう？　という意味だと気付くのに、少し時間がかかりました。画像≒雰囲気だと判断するなんて、やはり人間の発想力の豊かさに人工知能はまだ追いつかないよなぁ、とも思いました（笑）。

２０１８年現時点のディープラーニングは、何でも認識するわけではありません。「雰囲気」「空気」というような実体の無いモノは認識できないのです。数字や文字に表せない何かを表現する技術はディープラーニングにはありません。

もちろん将来的には「雰囲気の認識」も可能になるかもしれません。ただし、段階を経る必要があるでしょう。

まず動画認識の発展は必須です。動画認識が発展していくと、今度は3～4年かけて動作「理解」が進むはずです。それでも「腕を組んだ、だから緊張している、あるいは身構えている」「下唇を触った、だから何か考えている」という程度の類推でしょう。それでも空気を読むには至りません。

２０１８年現時点のディープラーニングは画像を読み込んで「これはトラックです」「これはバスです」としか表現できないのです。しかも、全て「名詞」です。**高速道路を走って**

いる車の画像を「車が動いています」と認識したり、縦列駐車をしようとしている車の画像を「車がバックしています」と認識したりする――つまり、動詞で理解するのはまだ先です。

先ほど紹介した、図１‐５のＹＯＬＯを使った画像認識の左側に、前進しているように見えるトラックが写っていますよね。「これはトラックです」と認識していますが、「これは前に進んでいるトラックです」とは表現できていません。

人間なら何の意識もせずやれることを、ディープラーニングは入念な事前準備をしなければできません。画像の認識だけでも大変です。雰囲気の理解なんて、もっと大変でしょう。

トラックとかバスとか乗用車とか色んな種類の車が写った画像を、もう一度見返してください。人間ならすぐにそれぞれを「これはトラック」「これは乗用車」と認識し、分類できます。しかし、後ほど詳しく述べますが、ディープラーニングは事前に学習データとして、大量の車に関する画像データを必要とします。

ＹＯＬＯの場合はそうした画像データを学習済みなので、自身の開発環境にインストールすれば直ぐに使い始められますけどね。人間の脳がいかに素晴らしいか、改めて痛感しながらプログラミングしています。

「ディープラーニング」は万能なのか？

確かに期待値の差は大きいですね。田中さんの説明を聞いて「そんなことしかできないの？」と落胆される方も中にはいらっしゃるでしょう。

ただ、ディープラーニングが登場して以降、あらゆる分野でイノベーションが起きているのも事実です。世間の大半は「ディープラーニングは万能だ」と思っています。人工知能に関するビジネス書を読んでいると、ディープラーニングがあらゆる業界を革新していくという見出しも多いですから、まちがった情報を鵜呑みにしているのかもしれません。

しかし、エンジニアとしての素朴な疑問ですが、そんな万能な技術なんてあるのでしょうか？ ディープラーニングにはデメリットが1つも無いのでしょうか？ そんな万能な技術があるのなら、平成の錬金術と呼んでもおかしくありません。

田中さんは、ディープラーニングを使って実際にプログラムを書いていますよね。イノベーションの裏側で何が起こっているかをご存知だと思います。実際はどうなのでしょうか？

なぜディープラーニングは万能に見えるのか？

確かに今までの発想や技術と違う点が多くありますから、万能に見えなくもありません。もちろん、万能に見えているだけですよ。実際は、様々なデメリットがあります。

まず、万能のように見えてしまう理由として、４つの特徴を説明しましょう。

ディープラーニングは、機械学習と呼ばれるアルゴリズムの体系の１つの分野です。機械学習は、学習データとも呼ばれる「事前に学習させておくデータ」を機械に覚えさせて、規則性・周期性から答えを予測・発見させるのが得意です。基本的にはデータの量が多くなればなるほど、予測・発見の精度が高まります。

人間風に表現すると「賢くなっていく」とでも言えばいいでしょう。学習する量に比例して、賢くなっていくのです。

しかも賢くなる速度は人間の知能とは比較になりません。その理由として、機械が持つ強みとして紹介した「マシンパワー」のスペックが関係しています。クラウド上にマシンを1000台つなげて処理を実行すれば、単純に考えると1時間かかっていた学習時間を1000分の１に圧縮できます。

クラウド上で１０００台ものマシンをつなげて処理を実行する技は、『ドラゴンボール』

の世界で言うところの「精神と時の部屋」みたいなものです（※時間の流れが外界とは違い、外界での1日がこの部屋の中では1年に相当する異空間を指す）。機械と人間とでは時間の流れが違います。まぁ、人間は人工知能に負けて当然かもしれません。

加えて、ディープラーニングはこれまでの機械学習のアルゴリズムと違って、学習のさせ方が格段に楽になりました。これまでの画像認識であれば、画像の特徴を人間が毎回機械に教えなければいけませんでした。しかしディープラーニングは、勝手に画像から特徴を発見してくれるようになりました。

人間は機械に特徴を教える代わりに画像を用意すれば良いだけになったのです。ディープラーニングが登場して、労力も時間も大きく削減できたと言えるでしょう。

だから万能に見えてしまうのです。

例えば、ディープラーニングで猫を認識したいとしましょう。事前に様々な種類、様々な角度の猫画像を用意します。これが学習データです。用意したデータの分だけ、ディープラーニングは猫の特徴を覚えていきます。だから、この学習データは量が多ければ多いほど良いと言われています。

さて訓練が終わっていよいよ本番です。1枚の猫の画像が提示されたとき、それまで学習した猫の特徴と照らし合わせて「これは猫だ」「これは猫ではない」と判断できるようになります。

この「特徴」の発見こそ、ディープラーニングの凄さだと言えます。**ディープラーニングは特徴の取り方がめちゃくちゃ上手い。**しかも人間が機械に特徴を指示するより、ディープラーニングに任せた方が上手くいくのです。東大の松尾准教授は「生命と同じ目を獲得した」と表現しています。

これが１つ目の特徴です。

「量が多ければ良いとは限らない」通説を覆したディープラーニング

ディープラーニングが登場する以前の機械学習では、データ量が多くても機械学習で精度が高まらない場合がありました。ですから、ビッグデータの時代になって「とにかくデータを集めろ！」と号令がかかるものの、現場からは「そんなにデータばかりあっても仕方が無いだろ」という声が上がっていたようです。

先ほどの説明で「基本的には」という注釈を付けたのは、データ次元が多すぎると厄介な問題が発生するからです。専門用語では「次元の呪い」と言います。要は、データの次元が多すぎると、アルゴリズムの計算が飛躍的に難しくなってしまって、逆に精度が落ちるのです。

次元とは何か。

ここにお茶のペットボトルがありますから、これを例にしましょうか。温かい、あるいは冷たい。お茶の温度という特徴量が2種類あります。特徴量1つで1次元だと理解してください。

そこにお茶の種類、例えば緑茶、ウーロン茶、麦茶、煎茶という特徴量が加われば、2×4で8通りになります。これで2次元です。さらに、メーカー、茶葉、産地、味、パッケージの色、知名度……様々な特徴量が加われば、指数関数的に次元が増えていきます。

そうなると、機械学習の強みである規則性・周期性から答えを予測・発見できなくなります。見るべき特徴量が増えすぎて、「ちょうど良い感じにフィットするモデル」が生まれない。量が多すぎるのも厄介なのです。

逆に量が少なすぎると、過学習と言って、今あるデータだけで本当にちょうど良くフィットしたモデルが作られてしまう可能性もある。例えば過去1週間の天気が晴れだからといって、明日も晴れとは限りません。しかし、機械学習の場合、1週間分の天気情報しか与えられていないので、かつては「これまで晴れだったから明日も晴れ！」というトンデモ予測をアウトプットする可能性がありました。

しかし、ディープラーニングの場合は「次元の呪い」を乗り越えて、特徴量の多い高次元なデータであっても学習が可能になりました。これが２つ目の特徴です。

さらに３つ目の特徴は、過学習も起こさなくなった点です。これは大きなブレイクスルーでした。

ディープラーニング以前はデータ量も大事でしたが、次元の呪いが起きないよう細かいチューニングが必要でした。しかしディープラーニングが現れて「とりあえずデータを食わせれば良い！」と考え方を改めるようになりました。

ディープラーニングは柔軟性に優れている

４つ目の特徴として、ディープラーニングという手法はかなり自由が利く点が挙げられます。

例えば、ディープラーニング誕生以前から強化学習と呼ばれる学習手法がありました。簡単に言うと、強化学習とは、行動そのものを学習する仕組みだと言えます。何回も試行錯誤を繰り返しながら、与えられた環境下で価値を最大化する方法を探し出すのに優れている手法です。

パズルやチェス、将棋などのルールが決まったゲームは、強化学習を使って機械に解かせるのが一般的です。将棋の場合、相手の歩に飛車を取られるというような部分的な「敗北」より、相手の王を倒すという最終的な「勝利」を掴めば良いですよね。最後に勝つために、ある部分では負ける。そうしたバランスを取れるのが強化学習のメリットです。

この強化学習にディープラーニングを組み合わせることで、先ほど紹介した「DQN（deep Q－network）」と呼ばれる手法へと進化を遂げました。ちなみに、このDQNをベースに、人間のトッププロ棋士を破った人工知能「AlphaGO」が作られています。

このDQNが、またすごい。研究成果はYouTubeに上がっているので、ぜひ検索してみてください。ゲーム開発で有名なアタリ社製のブロック崩しを、DQNでプログラミングした人工知能が遊んでいる動画です（図1‐6）。

機械にルールを一切教えなくても、いつの間にか勝手にできるようになって、プレイ回数が400回を超える頃にはボールの取りこぼしが無くなり、600回を超える頃には高得点

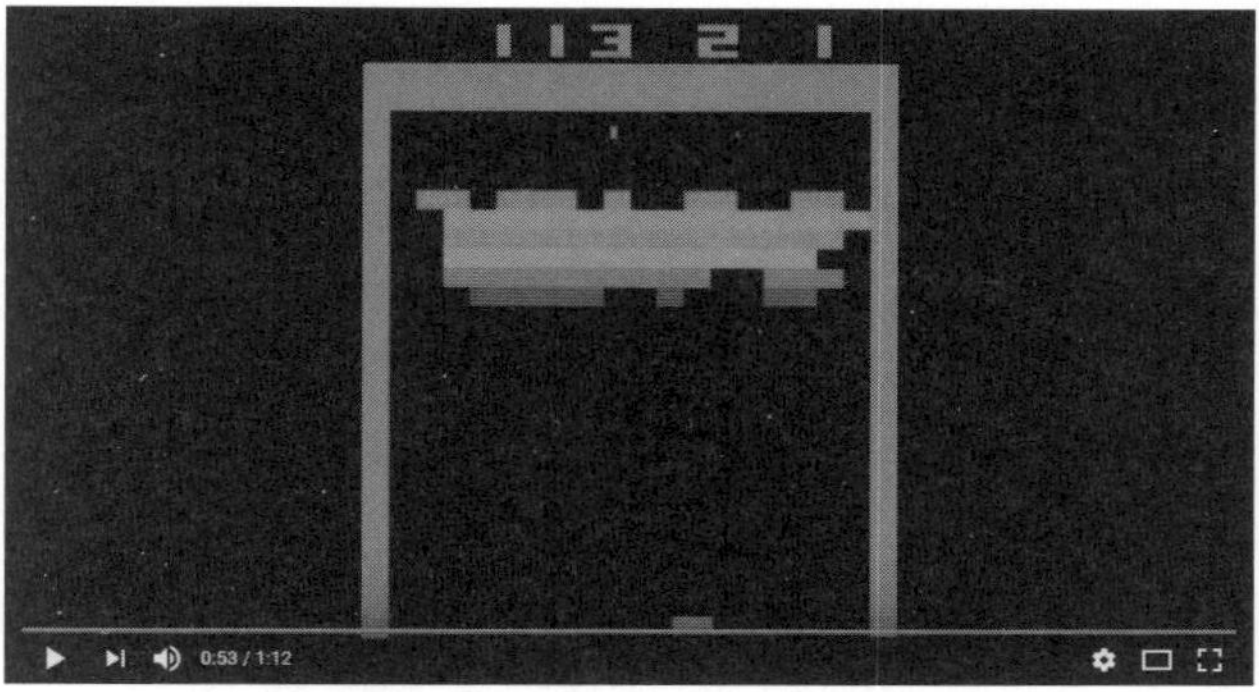

図1－6　YouTubeに公開されたブロック崩し
（https://www.youtube.com/watch?v=TmPfTpjtdgg）

を獲得できるまでに成長しました。研究成果に関する論文によると、49種類のゲーム中、29個のゲームではプロゲーマーと同等かそれ以上の成果を上げたようです。ここでも人間は負けました。

ディープラーニングはこのように、既存の手法に＋αとして乗っかることができて、かなり柔軟性に優れているのです。何にでも乗っかると言うと語弊がありますが、色んな方向に対応させることができるのが特徴です。前述したニューラルネットワークの階層を増やせば、さらに新しい発見も期待できるでしょう。

ディープラーニングにデメリットはあるのか？

ディープラーニングのメリットとして「学習のさせ方が楽」「高次元の学習が可能」「過学習をしなく

なった」「柔軟性に優れている」の4つを挙げました。

次に、デメリットとして指摘したいのは、**数字や言葉などデータとして表現できないものを人間のように読み取る力が全くない点です。**

ディープラーニングは画像を認識していると言っても、ここに丸がある、ここに窪みがある、といった特徴を確率的に捉えているだけです。表現できているものを見ているだけと言ってもいいでしょう。そして「(たぶん)車です(けど違っていたらごめんなさい)」と言っているのです。

画像に写っている形の組み合わせから、合致すると考えられるパターンを何種類か抽出しているだけです。カッコのコメントのように、あくまで確率なのです。カッコ書きの部分は、ディープラーニングの発表結果を紹介する人間が省いているのです。あたかも、間違いありません! と断言しているように見えているのではないでしょうか。それは誤解です。

先ほどディープラーニングを理解していない例として「会議室の空気を読む」という相談を紹介しました。

「こいつら絶対やる気ねえ」「おいおい喧嘩寸前かよ」みたいなミーティングの雰囲気を、人間は何となくの感覚で感じ取っていますよね。おそらく人間は、五感を使って感じ取ったモノを、過去の経験値から分類して言葉で表現する能力に長けているのでしょう。

こういうことこそ、ディープラーニングは苦手としているのです。**データで表現できない「何か」を、ディープラーニングで言葉にして具現化するのはすごく難しい。**そもそもデータで表現できないなら、機械として解析できませんから、分類しようがありません。

感情もその１つです。顔の表情や声のトーンから、怒っているか喜んでいるかは分類できるかもしれません。しかし、実現してもそこまででしょう。せいぜい喜怒哀楽の４種類ではないでしょうか。

皆さんに聞きたいのですが、人間の感情ってそれだけでしょうか？　もっと他にもありますよね。

話が少し脱線しますが、昔、竹中直人が「笑いながら怒る人」ってネタをやっていましたね。もし顔や声から感情を認識するディープラーニングが登場したら、その当時のネタ画像を学習してほしいですね。顔から笑っていると認識するのか、声から怒っていると認識するのか、それとも本当に笑いながら怒っていると認識するのか。どれだろう（笑）。

ディープラーニングを使って分類する方法を、人間の感覚で考えちゃダメです。せいぜい視覚に限定されると考えてください。

「これ、ディープラーニングで実現しないかな？」と思った仕事があったとしましょう。まず、頭の中で作業を文字で再現してみてください。**「言葉で説明するのは意外と難しい」と思われたなら、それはディープラーニングで再現するのが難しい領域だと考えてください。**

ディープラーニングが凄いのは、特徴の発見が人間より上手いからだと先ほど説明しました。言い換えると、表現できないものは特徴を捉えようがありません。だから**数字や言葉などデータとして表現できないものを苦手にしているのです。**もっとも、それは他の機械学習や統計学にも言えることですが。

データで表現できないものはディープラーニングで特徴を捉えられない。つまりディープラーニングを使うには、ものすごくデータが大事なのですね。

でも、なかなかデータにするというのが難しい。特に今までデータが無くて、1から取らないといけない場合、どんなデータが必要なのか分からないのは非常に困ります。今まで自分が判断に使っていた内容を全てデータ化すればいいのですが、何で判断していたのかを答えられない。

「直感」「大局観」という言葉があるぐらい、人間は物事を感覚で捉えられる生き物だからです。論理的な飛躍があれば、データが無くても、直感で「それは違うでしょ?」と言えます。

経験値が高い人の直感ほど当たっていますよね。現場も見ていないし、数字なんて何ひとつ無いのにどうして分かるのだろう? これが場数を踏むということなのか? と感嘆した経験は何度もあります。

「数字や言葉などデータとして表現できないものはディープラーニングでは扱えない」というデメリットは分かりました。

なぜ、あらゆる場面に「ディープラーニング」は浸透しないのか?

ところで、ディープラーニングにおける「目の獲得」は、地球史におけるカンブリア爆発と同等のインパクトがあると言われた話は結構有名です。

カンブリア爆発とは、古生代カンブリア紀、およそ5億4200万年前から5億3000万年前の間に突如として今日見られる生き物の「門(ボディプラン、生物の体制)」が出そろった現象を指します。それまで数十種類しかいなかった生き物が、突如として1万種にも爆発的に増加しました。

古生物学者のアンドリュー・パーカー氏はこの現象の発端として「生物に目が備わった」という説を提唱しています。目が生まれて、視界が誕生して、目の前の出来事に対応するため、状況に合わせて進化したのではないか？　という仮説です。

ディープラーニングにおける「目の獲得」はまさにカンブリア爆発同様、この先に爆発的な進化を遂げる可能性を秘めていると言われています。そうなると、あらゆる場面でディープラーニングが一気に浸透しそうですよね。

実際、ビジネス誌などを読んでいると、ディープラーニングが世界を変える、人類から仕事を奪うといった扇動的な表現が目立ちます。

しかし2018年現時点では、作業レベルで仕事の人工知能化は部分的に進んでいますが、あらゆる場面でディープラーニングが浸透しているとまでは言えない状況です。

このギャップはどこから来るのでしょう？

あまり知られていないディープラーニングの性質とは？

ディープラーニングの開発者にとっては当たり前だけど、世間にはあまり知られていない、ディープラーニングのある性質があります。その性質を知っているか知らないかの差でしょうね。

まず「特徴の捉え方」をもう少し詳しく説明しましょうか。例えば、数字の「7」の特徴の捉え方について考えてみましょう。

ディープラーニング以前は「7」というかたちのどこを特徴とするかは、人間が機械に対して指示していました。斜めに進んでいる、ウニュッと曲がっている、棒が右上から左下に進んでいるという特徴を人間が指示して、ようやく機械が「これは7です」と認識していました。もちろん、それだけの指示では認識できないこともよくあって、追加で特徴を指示することもあります。

一方、ディープラーニングは、7、7、7……色んなかたちをした大量の7を学習していくと、人間が機械に対して特徴を指示しなくても、自動的に特徴を見つけ出すようになりました。そして、新たに7を見せると、今まで発見した特徴と照らし合わせて「これは7です」と認識するのです。

ただし、この手法には弱点があります。学習データとあまりにも違う、ものすごく特徴的な「7」だと、もしかしたら「1」や「9」と誤認識してしまうかもしれないのです（図1-7）。

図1－7　手書きの数字は人によって形が異なる

出典：Diederik P. Kingma, Danilo Jimenez Rezende, Shakir Mohamed, Max Welling. (2014). Semi-supervised Learning with Deep Generative Models. In *Proceedings of the 27th International Conference on Neural Information Processing Systems,* Volume 2, pages 3581-3589.

人間でも「あれっ？　これって7？　1？」という場面に何度も遭遇した経験があるでしょう。ディープラーニングも全く同じように、誤認識します。

しかも厄介なのは、ディープラーニングはなぜ「7」を「1」と間違えたのかを説明することができません。人間であれば「この部分が1に見えたから間違えた」と説明できますが、ディープラーニングにはそれができないのです。

このように2018年現時点では、正解か不正解か、どちらかしか分かりません。ディープラーニングの計算はあまりに複雑すぎて、とてもじゃないけど、「どこで間違えたのか」を人間が確認できないのです。

でも、ディープラーニングが凄いのはここからです。こいつは「1」じゃなく「7」です、とフィードバックしてあげます。そうすると特徴量を発見するためのパラメーターが調整されて、「1」と誤認識した「7」を「7」と認識できるように計算し直すのです。

すでに、こうした文字認識を提供するサービスがあります。Ｃｏｇｅｎｔ Ｌａｂｓという日本のベンチャー企業が提供する「Ｔｅｇａｋｉ」というサービスです。

紙に書かれた文字を、ディープラーニングなど機械学習のアルゴリズムを使って一瞬でデジタル化してくれるサービスです。ひらがな、カタカナ、漢字、数字、アルファベット、記号の認識率は99・22％だそうです。かなり精度が高いですよね。

このサービスを使えば、紙に書かれた書類をひたすらエクセルやワードに打ち込む仕事なんて即座に無くなってしまうでしょう。

それでも0・78％は誤認識してしまう。それは、特徴的な文字の書き方をする人がいるからです。

「Ｔｅｇａｋｉ」のＷＥＢサイトでは、江戸川乱歩『青銅の魔人』の手書き原稿をデジタル化した事例が紹介されています。誤認識した内容として、手書きで「レール」と書いたのに音引きの部分を「‐（全角ハイフン）」と認識して「レ‐ル」になってしまったようです

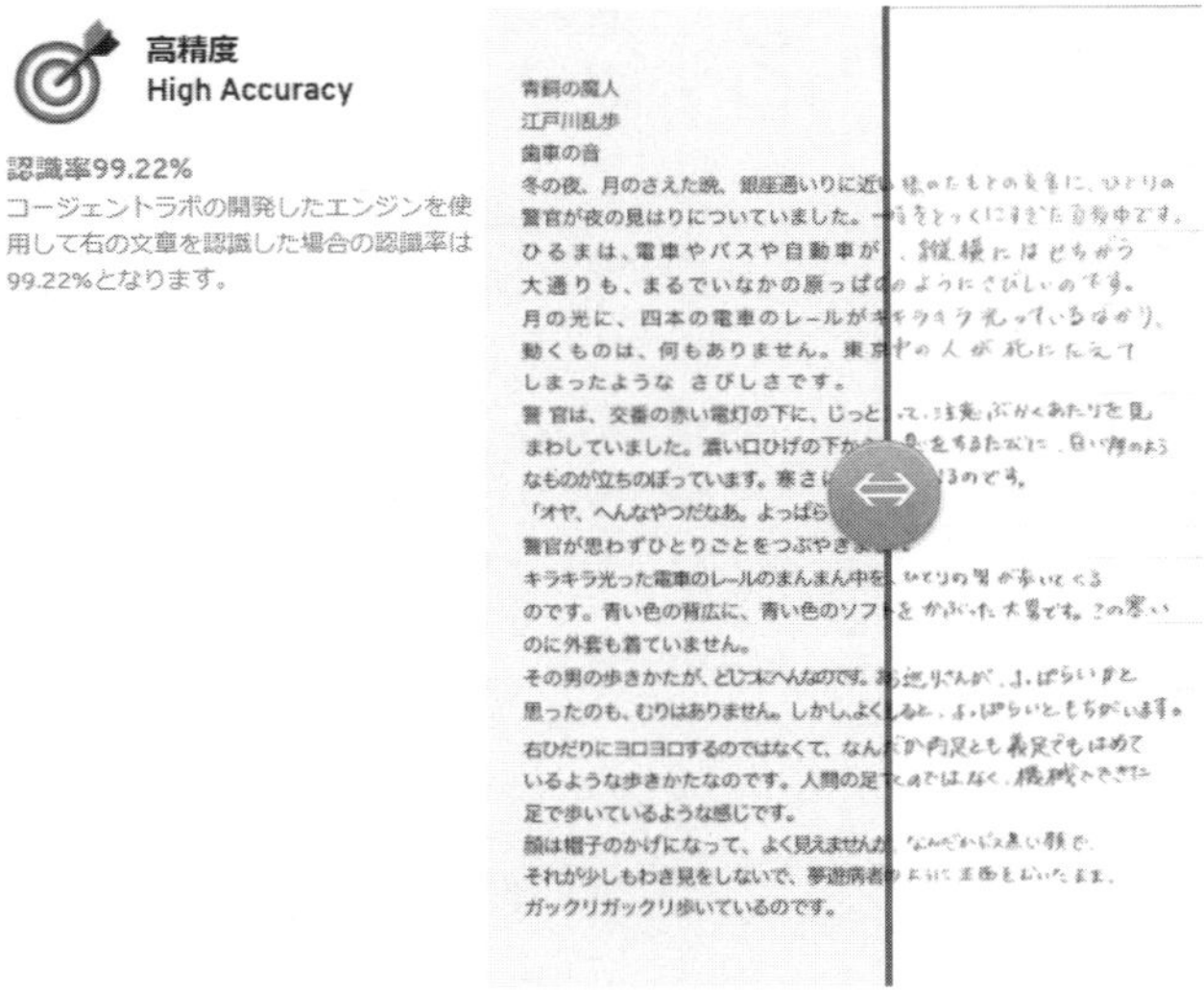

図1-8　Tegakiの高精度を紹介するページ。手書き文字を認識してデジタルに置換している
（https://www.tegaki.ai）

（図1-8）。

　じゃあ、もう少し音引きが下だったらいいのか？　逆に、ハイフンとどうやって区別すればいいのか？　それは私たち人間には分かりません。**ディープラーニングがブラックボックスと言われる所以ですね。**

意味を理解せず、特徴だけを見ているディープラーニング

　人間が文章を読めば、いくら何でも「レール」を「レ-ル」と間違えたりしないですよね。意味を成さないからです。

この他にも、人間の目では「1」が「7」に見えたとしても「1185年鎌倉幕府成立」を「7785年鎌倉幕府成立」と誤認識することはあり得ません。まだ西暦2000年代だからです。

しかし、これらはディープラーニングではあり得る誤認識なのです。**この誤認識はもの凄く重要で、かつディープラーニングの本質を指しています。**もう少し詳しく説明しましょう。ディープラーニングは、かたちの特徴から「7」を認識しています。別に「7」の意味を理解しているわけではありません。「レール」と「レ-ル」の誤認識も同様です。

「人工知能は意味を理解していない」という言葉を聞いたことがあるかもしれません。

先ほど紹介した車の画像認識を思い出してください。**意味を理解していないというのは、車の一種であるトラックだと認識して「これはトラックです」と言っているわけではないということです。**読み込んだ画像の特徴から分類した結果、「これはAです」と言っているだけです。

そのAにはトラックというタグが付いているから、Aとトラックを置き換えて「これはトラックです」と言っているように見えるだけです。別に車やトラックという概念が理解できているわけではありません。

もしタグを間違えて、全てのデータを「田中潤」としてしまった場合、ディープラーニングはトラックを指して「これは田中潤です」と言うでしょう。ディープラーニング側から「トラックですよ！　田中潤じゃないですよ！　タグを間違えていますす！」という発言はできません。

背筋も凍る怖い話をしましょうか。

例えば、ここに10億枚にも及ぶあらゆる車の画像があるとします。ディープラーニングに学習をさせたのですが、タグの紐付けを間違えてしまったとしましょう。例えばトラックを道路と誤入力してしまいました。その学習データを土台にした自動運転車が完成したとしたらどうなるでしょうか。

ディープラーニングは特徴を「認識」しているだけで、道路を走る、目の前に車や人が現れたら止まる、という動作は、また別のプログラムが制御しています。ですから、トラックを道路と誤入力したら、自動運転車は何の躊躇もなく速度も落とさずトラックに突っ込むでしょう。

だってディープラーニングからしたら、認識したトラックはあくまでAであって、道路と名付けたのは人間ですからね。ディープラーニング側から「トラックを道路と誤入力していますよ！」とは言いません。

もしかしたら、世間からすれば、これこそディープラーニングの弱点に思えるかもしれませんね。**しかし、これがディープラーニングなのです。あとは人間の使い方次第です。今はディープラーニングの弱点を分かっていないまま使っている人が多いので、「これじゃ使えないね」と思われる場合も多いようです。**

「ディープラーニング」の弱点を克服するには何が必要か？

ディープラーニングも使い方次第ですね。それが分かって安心しました。何かに特化するということは、他の何かを捨てるということです。全てに特化した技術なんて、錬金術のような夢か幻の世界です。

それにしても、ディープラーニングの弱点なんて聞いたことが無かったので、ちょっと驚いています。ディープラーニングが意味は分からないけど認識はしているならば、意味自体は人間が定義しないといけない。結局のところ人間の力が欠かせないのだと分かりました。

とてもじゃないですが「人間を超えたディープラーニング」という表現は、現状に即しているとは言いがたい。ある特定の作業だけであれば人間を超えるでしょうが、人間そのものを超えたとは言いにくいと感じました。

田中さんは研究者として、ディープラーニングがこうした弱点を克服するために、どのような取り組みが必要だと思われていますか？

注目すべき技術は「理由付け」する方法

その前にいいですか。

これだけは言っておきますけど、人工知能の開発に携わる者の中では、誰一人として「ディープラーニングは人間を超えた」なんて発言していないと僕は思いますよ。明らかに表現として行きすぎだと僕は思います。もし開発者がそのような発言をしているのなら倫理的にどうなのだろう、と思います。誇大表現だからです。

さて、質問に答えますが、ディープラーニングの弱点を克服するためには「概念」への理解が求められるでしょう。抽象化する技術と言えばいいでしょうか。

乗用車とトラックは車に分類されるけど、田中は人だから車に分類されない。そうした「概念」の獲得がディープラーニングをさらに強固にしていくに違いありません。

図1－9　犬の集合写真をYOLOで解析した結果

その概念を理解するには、まず動画です。車が動いている、人を運ぶ、そうした動画を大量に学習させることで、ようやく「車」という概念がちょっと理解できるようになるのではないでしょうか。画像のみだと動きに欠けるので、動詞を理解できません。

動画と動詞の研究はすでに始まっていますが、まだ日が浅いのが現状です。明日にでも誕生する技術ではありません。もう少し時間がかかるでしょう。

「概念」に関連して興味深い例があります。図1－9の画像を見てください。

先ほど紹介したYOLOにこの画像を認識させたら、一部の犬について「これはテディベアです」と誤認識したんですよ（左下）。おそらく色で識別したのでしょうね。あくまでも学習済みのデータの中から「これじゃないですか？」と思われるものを選択するので、テディベアになったのだと思います。

次に、図1‐10の画像を見てください。

図1-10　木目調をYOLOで解析すると犬という結果に

たまに板とか木目調の床を遠くから見たら「あれっ、これちょっと犬の顔に似ているな」みたいな経験がありませんか？　それと一緒です。ＹＯＬＯも誤認識しました。

ただ実際のところ、この犬の画像を見てテディベアと断言したり、板の画像を見て犬と断言したりする人間はいないと思うのです。なぜなら、そもそも生き物と無機物って根本的に違うからです。

犬を、熊のヌイグルミや板と間違えたら、「あと少しだったね！」とはならないですよね。

それぐらい別物なのに誤認識してしまうのは、生き物という概念の理解が欠如しているためです。

できれば、ディープラーニングに対して「なぜテディベアと認識したのか?」と質問して、こういう理由だからですという返答を聞きたいですよね。
もし、その特徴量の抽出が間違っているなら、ここが違うよと具体的にフィードバックできるからです。でも先ほど説明した通り、ディープラーニングに聞いても何も教えてくれません。

その壁を乗り越えるための手法として僕が目をつけている技術は「ディダクション（演繹法）」です。要は、理由付けの方法です。「○○だから犬と判断しました」「○○だから車と判断しました」と、その理由までセットにして提示してくれる技術です。実用化はまだまだ先、おそらく10年以上後の２０３０年代になるでしょう。

２０１８年現時点では「この画像はテディベアじゃなくて犬だよ」というフィードバックをしないといけません。同じ間違いをしないようにテディベアと判断されかねないような犬の画像を膨大に用意して機械に学習させて、ようやくディープラーニングは「これはテディベアじゃなくて犬でした」と判定します。
それだと画像を用意するにも、人工知能に学習させるにも時間がかかります。ですから次のステップとしては、なぜこの画像がテディベアとして認識されたのか、もう少し理由付けが分かるようになるでしょう。

「輪郭と色味からテディベアと判断しました」というアウトプットを人間が見て「それは間違っています」という新たなインプットができるようになってくると、またディープラーニング側で「あ、そうなのですね」と認識を上書きして学習していく。そうすると、概念らしいものが構築されていくはずです。

体系立てた辞書を用意して、それを学習させるより、この手法の方がよほど正確で手っ取り早いでしょうね。**人間だって、生き物という概念を体系立てて理解したわけじゃないのに、犬と熊のヌイグルミは違うと理解できているでしょう?**

「なぜ?」が無いディープラーニング

僕の中では重要な点だと思うので、繰り返しになりますが説明します。**ディープラーニングには「なぜ?」が無いし、「なぜ?」とも考えません。考えないから、目の前の問題しか解けない。**思考に奥深さが生まれないのです。これは人間も同じですね(笑)。

人間なら、犬が集まっている写真を見て、姿かたちも似ているし当然真ん中も犬だろう、と判断します。しかし、ディープラーニングはそんなふうに考えないのです。木目板もそうで、あんな平べったい犬はいないのですが、特徴が似ていると犬と言ってしまう。

ディープラーニングは、まだあくまでも特徴の発見止まりなのです。色だったり、かたちだったり、そうした特徴を体系的に捉えて、何に近いかという判断しかしていません。

「なぜ犬の真ん中にテディベアがいるの？」「なぜこんなに平べったいの？」なんて全く考えていません。２０１８年現時点では、考えることはできないと思っていいです。

ディープラーニングが「なぜ？」と考えるところから、ディダクションのスタートになります。次のフェーズとしては「顔はともかく、色でテディベアと判断しました」とディープラーニングがアウトプットできるようにならないといけない。

ディープラーニングの研究者はみんな同じことを思っていて、色んな挑戦をしていますが、まだ研究段階です。たぶん10年ぐらいで克服できる問題ですけれど、来年できるようなものではないですね。

おそらく、現在の第3次人工知能ブームと呼ばれる現象がいったん沈静化した後、この「なぜ？」に答えるディダクションが発表されて、第4次人工知能ブームの幕が開くのではないでしょうか。2次と3次で結構な時間が開きましたが、次はそんなに開かないと思いま

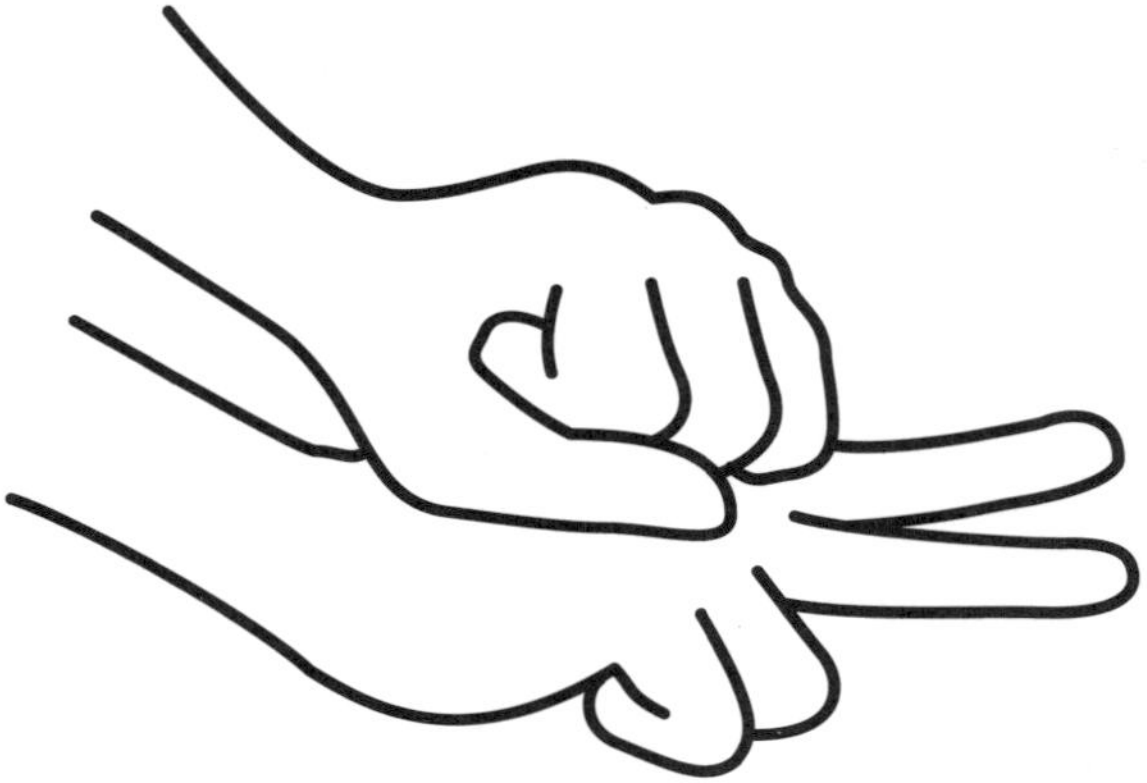

図1-11　チョキとグーで「カタツムリ」の形を表現

す。

この技術ができるようになると、概念が生まれてきて、学習データをかなり少なく抑えられます。なぜなら、テディベアと判断されかねないような犬の画像を追加で用意する必要が無くなり、アウトプットのディダクションに対するフィードバックで済むからです。

「概念」への理解については、こんな話もありますよ。田中さんは「グーチョキパーでなにつくろう?」という歌をご存知ですか?

「右手はグーで左手はパーで……」そして右手の上に左手を重ねて「お寿司!」って言う遊びです。姪が小さかった頃、そんな遊びを一緒にやっていました。他にもチョキとグーで「カタツムリ」とかもあります（図1－11）。グー、チョキ、パーを認知して、そこから応用して違うかたちを判断するのは、まだ人工知能では無理ですよね。

さらに、姪がグーとパーで「お寿司！」と言った瞬間、お前はどこでお寿司を覚えたのだと驚きました。食べた機会、見た機会なんて、そんなに無いと思うのですが、どこかで聞いて覚えていたのでしょう。

ディープラーニングは膨大なデータを解析しないといけないので、この姪のようにお寿司を数回だけ見て、その上で手のひらをメタ認知してお寿司にはたどり着けないでしょう。人間そのものに勝つのはまだ相当先だと思わざるを得ませんね。

右手のグーの上に左手のパーを重ねた画像を見ても、人工知能は「お寿司です」とは言いませんよね？

「なぜ爆撃機は帰ってきていないのか？」という洞察は浮かばない

言いませんね、絶対（笑）。グーとパーって認識すると思いますよ。

お寿司の話ですけど、やっぱり人間って凄いですね。本当にそう思います。今の人工知能はそこまで追いついてないですね。人間の想像力というか創造力に脱帽です。

人工知能が人工的に作られた知能だとは言っても、こういう話を聞くとやっぱり今できることの限界を感じますね。ディープラーニングを使った人工知能なんて、まだ1歳児レベルですよ。

人工知能にモノを教えている側からすると、グーとパーだけで子どもが「お寿司！」って言ったと聞くと感動しますね。抽象と具体とが相互に飛躍し合っていますよね。人間ってすげえな、機械バカだな、って思います。

ディープラーニングを含む機械学習というのは、自分に与えられた学習データの枠は超えられません。今あるデータが全てだと言ってもいいでしょう。今あるデータから飛躍して想像はできません。

ちょっと分かりづらいと思うので、ハンガリー出身の数学者であるエイブラハム・ウォルドの話を紹介させてください。

エイブラハム・ウォルドは第2次世界大戦当時、米軍のために、効率的な魚雷の発射法やミサイルの空力効率など、数学者として様々な問題の分析に従事していました。ある日、爆撃機を強化する装甲が必要な場所の優先順位を考える任務に就くことになります。

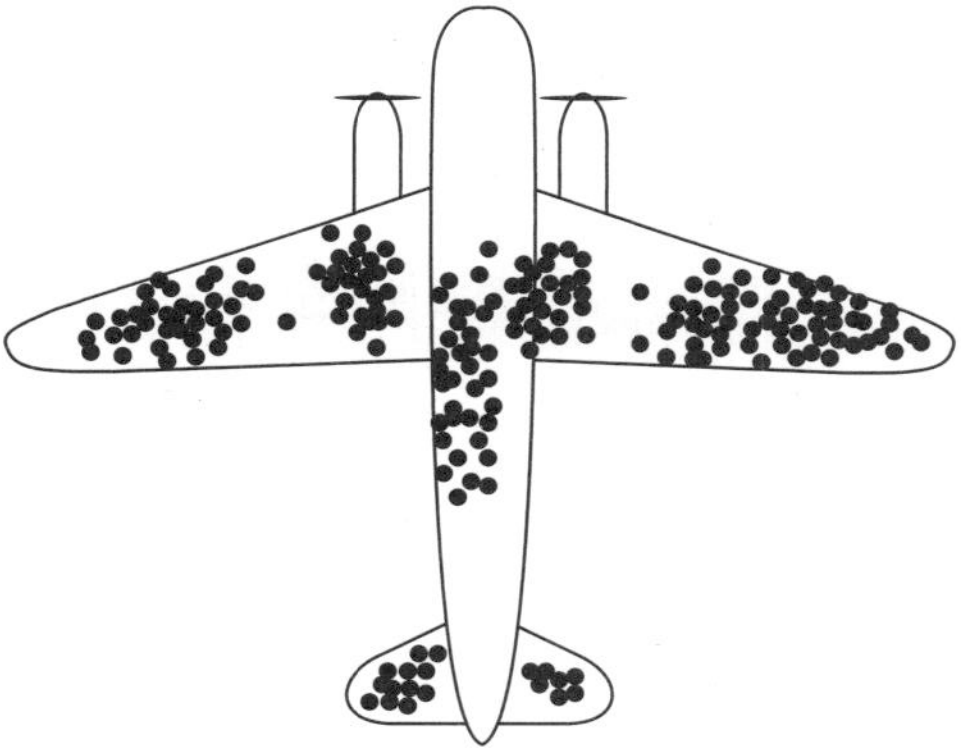

図1-12　爆撃機の破損状況を表すデータのイメージ図

空軍が手間をかけて、無事に帰還した爆撃機の破損状況を調べていたので、手元にデータは揃っていました。爆撃機の損傷には明確なパターンがありました。その多くは翼も胴体も蜂の巣のように穴が開いていましたが、コックピットと尾翼にはその傾向がありませんでした（図1-12）。**このデータを見たウォルドは、多くの穴が開いていないコックピットと尾翼に装甲を施すことを提案します。**

彼は、今手元にあるデータが「帰還した爆撃機のデータ」のみであり「帰還しなかった爆撃機のデータ」が含まれていないことに気付いたのです。

帰還した爆撃機のコックピットと尾翼に穴が開いていないのは、そこを撃たれたら帰還できないからではないか？　帰還した爆撃機の損傷場所は、撃たれても帰還できる部分なのではないか？　とウォルドは洞察したのです。

弾痕を見て、どこが弱いか？　という考察はディープラーニングじゃなくても機械学習を使えばすぐに発見できるのですが、帰ってきていない飛行機に対する理由付けを２０１８年現時点の人工知能はできない。**つまり「帰ってきていない爆撃機はなぜ帰ってきていないのか？」についての洞察が浮かばないのです。**

結局、人工知能の研究開発において、無いデータに対する解析はまだ人間にしかできないのです。この枠が超えられないからこそ、第３次人工知能ブームはいったん沈静化に向かうのではないかと予想しています。

ただ第４次人工知能ブームが起こったとしても、僕はディープラーニングがかなりの部分で基礎になると思っています。さっき言ったように、他の機械学習の手法と結びつきやすいからです。

何か他の手法が出てきたとしても、それにはディープラーニングが組み合わされると僕は思いますね。パラメーターが何であっても調整できるというニューラルネットワークは便利だからです。

先ほどの爆撃機の例で言うと、**手元に無いデータに対して「帰ってきていない爆撃機こそ、やばいでしょう」という意味付けができるようになり、かつ「じゃあ、帰ってきていない爆撃機にはどういう弾痕があったのだろう?」と仮説立てが行えるようになってくれば、第4次人工知能ブームの到来です。**

第2章　人工知能はこの先の社会をどう変えていくか？

第1節　2018年

なぜ、巨大ベンチャーは「スマートスピーカー」に取り組むのか？

第1章の焦点は、人工知能について、またディープラーニングについてでした。

第2章では、2018年現時点、2020年代の短期、2030年代の中期、2045年以降の長期、大きく4つの軸に切り分けて、人工知能はどのような分野でどのような活躍をしているかについてお伺いしていきたいと思います。

特にビジネスの分野での活躍事例は読者の皆さんも気になるはずです。第1章から田中さんがぶっ飛ばしていて、ビジネス領域で浸透する人工知能について「マーケティング的観点で言っているだけの場合が多い」と切り捨ててしまったので、我が社は大丈夫かと気にしている管理職の方はきっと多いですよ（笑）。

まずは2018年現時点で活躍している人工知能について話していきましょう。

第１章で紹介した画像認識以外だと、田中さんの専門領域でもある音声認識は人工知能の導入が進んでいる分野ですよね。例えばＡｐｐｌｅのＳｉｒｉは有名です。

でも、画像認識・音声認識以外の分野での導入となると、なかなかパッと浮かびません。

ビジネスだけでなくあらゆる場面にディープラーニングが浸透し始めているのですが、意外に皆さん知らなかったりします。ですから、事例探しに苦労されている企業の方もおられます。

田中さんは、どの分野の人工知能の活躍に興味がありますか？

なぜ事例探しに苦労するのか？

どれも興味がありますよ。実際に活躍している人工知能なんて無数にありますからね。要は、目に見えないから分かりにくいだけなのです。

世間の人に「これは人工知能だね」と思ってもらうには、すでに世間一般に浸透しているイメージに、現在の人工知能が追いつかないといけないでしょう。そのギャップが埋まらないから、事例探しにも困ってしまう。勝手に描いている人工知能のイメージで事例を探そうとするからです。人工知能に対する期待値と言うか、イメージを変えないといけませんね。

例えば、ＹｏｕＴｕｂｅでゲーム実況動画を見ていて「これ面白いね」とネットなりリアルなりで発言したら、人工知能側からのアウトプットが返ってくるようになる。これは何々をしているのですね、というような拙い会話でもいいでしょう。そうなると、少しは「あ、これは人工知能だね。凄いね」と世間は認めてくれると思います。

なぜなら、ある程度会話が成立した段階で、初めて人は「ヤバい、知能がある」と錯覚するというか、感じるからです。**だから、開発者がディープラーニングのことを「これは人工知能だ」と言ったとしても、世間の人は認めたくない、認められないという差は、まだ埋まらないでしょうね。あと10年はかかります。**

つまり、しばらくは人工知能だと人間側が認識しない状態でディープラーニングを軸とした技術が使われていくのです。地味ですよ。目に見えないか、見えていても世間のイメージする人工知能とは違う。

言い換えれば、**表向きは「こんな凄い技術を開発しました！」というマーケティング的発表をしつつ、その裏側でディープラーニングを使ってシコシコと開発を続けられる企業が最強です。**

リアルデータ争奪戦が始まった

そうした企業が着々と推し進めている領域の１つは音声認識です。ＡｍａｚｏｎはＥｃｈｏ、ＧｏｏｇｌｅはＨｏｍｅ、日本だとＬＩＮＥはＣｌｏｖａと呼ばれる、人工知能を搭載した「スマートスピーカー」の販売を２０１７年に始めましたよね。

これは画像認識の次を見ていた成果だと思いますよ。スマートスピーカーを屋内に設置すれば、企業は家の中のリアルデータを取得できます。リアルデータとは、インターネット上の活動履歴をバーチャルデータと言うのに対して、個人や企業の実世界での活動についてセンサー等で取得したデータを指します。

特に人間の音声は、リアルデータの中でも比較的採取しやすい部類の１つです。今まではスマートフォンに内蔵されていたＡｐｐｌｅのＳｉｒｉや、Ｇｏｏｇｌｅアシスタントを使って声を集めていたのですが、これらは検索など特定のシーンでしか使われなかったようで、データの広がりに欠けていたのだと思います。

スマートスピーカーを家の中に置けば、プライバシーの問題に対応さえすれば、あらゆる音声データを入手できます。スマートスピーカーを提供している企業の多くが、ＢｔｏＣビジネスを手掛けている点からも分かる通り、自社のサービスに反映させようという魂胆が透けて見えます。

ただしスマートスピーカーにも弱点があります。それは、家の中を移動する足を持たない点です。家の中に置いたとしても、全ての家の音声データが手に入るわけではありません。特定の人の特定の声だけなのです。各企業としては一家団欒の真ん中に置いてほしいでしょうが、なかなか上手くいかないでしょう。

図2－1　新型aibo（時事）

そんな中、僕が注目しているのはソニーが2017年10月に発表したａｉｂｏです（図2－1）。

1999年に発売を開始したペットロボットの後継機になります。2006年には販売を終了していましたが、11年ぶりの復活となりました。

新しく登場したａｉｂｏには、ソニー独自の音声・画像認識用ディープラーニング技術を用いた人工知能が搭載されていると言われています。飼い主の顔と声を認識して、愛情を持った接し方をすれば、それに応えてくれるようです。

接すれば接するほど愛情が深まる仕様ですから、多くの飼い主がａｉｂｏと時間を共に過ごそうとするでしょう。

つまり、ａｉｂｏはスマートスピーカーの欠点を補う「足」を持ち、家の中のリアルデータを取得できる能力を備えているのです。飼い主の方からａｉｂｏに接してくれるのですから、リアルデータの収集という観点では非常に優れたＵＸ（ユーザーエクスペリエンス＝顧客体験）だと言えます。

一見、スマートスピーカーとａｉｂｏは結びつかないかもしれません。しかしリアルデータの収集に限って言えばどちらも狙いは同じであり、ａｉｂｏはスマートスピーカーの弱点を補う優秀なセンサーです。

久しぶりの日本の快挙だとも言えます。ＧｏｏｇｌｅやＡｍａｚｏｎが地団駄を踏む音が聞こえてきそうです。

音声認識が受付UXを変える

実際、音声認識はこの先4～5年で間違いなく社会に浸透するでしょう。

今、色んな場所にタッチ式UI（ユーザーインターフェース）が浸透していますよね。切符の券売機、映画館のチケット販売、居酒屋チェーンのメニュー。対面サービスの自動化の第一歩はタッチ式UIでした。

こうしたサービスは、音声認識が取って代わります。タッチ式と音声認識の違いは明確です。**タッチ式は、メニューが多いとドリルダウン（階層を下りていくこと）しないといけません。画面が限られているからです。**

居酒屋チェーン店のタッチ式メニューも見にくいじゃないですか。軟骨の唐揚げを頼みたいけど、どこにあるの？　間違えてビールを3つ注文しちゃった！　なんて経験ありませんか。

音声認識なら、マイクに向かって「軟骨の唐揚げ1つ」「ビール2つ」と言えばいいのです。楽ですよ。これだけで客単価が500円は上がるはずです。やれる範囲も大きく広がります。

受付というUXでは、タッチ式よりも音声認識の方が断然優れています。指から声への変

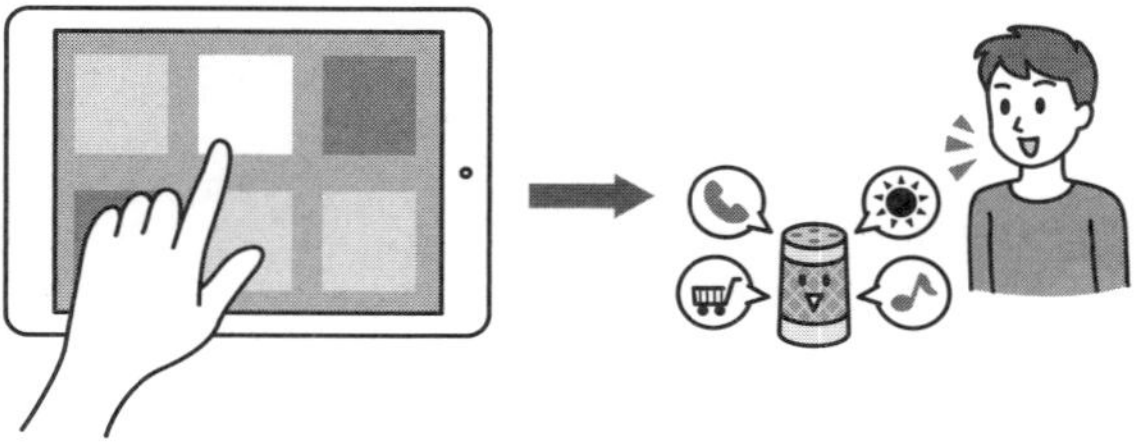

図2-2　2018年現在の指による受付UXから4〜5年先の声による受付UX

化がこの4〜5年ぐらいで起こるでしょう。だから、色んな企業が音声認識に目を付けるのは分かるのです（図2-2）。

その他にも、電話での受け答えの自動化、つまり音声認識を使った案内はものすごく需要があります。その代表例がコールセンターです。

コールセンターに電話をかけると、ある程度質問が用意されていてボタンをプップッと押さないといけないですよね。「●●の質問は1を、××の質問は2を、それ以外は9を……」みたいな案内です。

宅配便の荷物再配達の場合、合計で20回ぐらいボタンを押さないといけない場合もあります。非常に面倒ですよね。

ボタンを押さずに「何々について教えてください」「IDは●●です」とだけ言えば、自動的にオペレーターにつながったり、再配達が自動で完了したりすれば最高じゃないですか。電話の場合、ちょっと技術的に難点があるのですが、実現するとユーザーのイライラは一気に解消するでしょう。

ただし、それを、Siriのように話しかければ何にでも応答してくれるパーソナルアシスタントと呼ばれる存在が担えるとは思いません。用途に特化した音声認識システムが担うのではないでしょうか。

Siriは少し早口で話してしまうと、声を文章にできないですよね。そんなこと言ってねぇ！　と突っ込むこともあります。精度としてはまだまだこれからなのです。

なぜならSiriは自由度が高すぎるからです。あれにも対応しないといけない、これにも対応しないといけない。あらゆる環境、状況で対応しようとして、ちょっとどっちつかずになっています。

なぜ音声認識は精度よりテクニックなのか？

音声認識について、用途が特化していれば実は必要なのは精度よりテクニックです。

まず、精度についてお話ししましょう。２０１８年現時点の音声認識で言えば、電話越しだと精度が下がってしまいます。一応、理論値では６～７割と言われていますが、実際使ったら精度は３～４割に落ちます。

今、弊社ではＡｍａｚｏｎのＥｃｈｏのような音声認識用のマイクを開発しています。そのマイクを使うことで、音声認識の精度はかなり高くなりました。

でも、電話越しだと性能を上げるために精度の良いマイクを使うといった、物理的な工夫ができません。携帯電話にマイクを付けるなんて現実的には不可能ですから。

さらに厄介なのは、最近の携帯電話は音声圧縮技術がかなり優れていて、音声を認識しようにも音がすごく劣化しているのです。例えば携帯電話越しに音楽を聞いても、クリアに聞こえないじゃないですか。それは携帯電話の仕様で、音をそのまま伝えていないからです。

音声認識を開発している側からすると、固定電話時代の仕様のまま音声を送ってくれ、って感じです。音声を圧縮している携帯電話会社に何か強大な圧力でもかからない限り、現状は変わらないでしょう。

そこで、テクニックに走らざるを得なくなります。何らかの工夫を凝らして、コールセンターでの対話を想定した音声認識のシステムを作らなければなりません。

例えば旅行会社向けの音声認識搭載コールセンターシステムを作るとします。まず、旅行に関する対話用の学習データをたくさん作ります。そして次に、会話の文脈から次の言葉をある程度予測した音声認識システムに仕上げれば良いでしょう。

例えば相手に「旅行の日にちはお決まりですか?」「どういう場所へ旅行したいかお決まりですか?」と質問すれば、わざとでない限りは想定される範囲内での回答が返ってくるでしょう。

そうすると、音声認識のパターンが一気に絞れますよね。「GWを考えています」「東北がいいです」という組み合わせを無数に作ります。**そういうテクニックを使って、コツコツと音声認識の精度を高めていくしかありません。精度を上げる魔法の杖はありません。**

居酒屋のメニュー選びも、映画のチケット選びも、同じ原理です。その領域に特化した学習データを作っていくのです。

それでも最初は、全自動は無理だと僕は思っています。ですから、音声認識システムに向けて「人に代わってください」と言えば、人に切り替わるようなシステムが作られるでしょう。

なぜなら、決まり切った対応以外は機械では難しいからです。事前に用意しているパターンに無いような、全く想定できていない質問に対する答えは用意できていません。

どこへ行きたいのか聞いているのに「えーっと、あの、ほら、天国への階段じゃなくて……」という返答に対して「かしこまりました。天国に一番近い国、ニューカレドニアですね」と応じる人工知能、もはや連想ゲームですよね（笑）。

今まで3人かけて取り組んでいた作業が2人でよくなる。基本的には人工知能が少し応用を利かせたマニュアル対応をやっています、みたいなレベルまでは直ぐ到達するでしょう。最初はマニュアル応答だけで、少しずつ会話の幅を広げていくのではないでしょうか。

音声認識はデータの前処理に時間がかかる

ただ、音声認識については、ディープラーニングとは何の関係もない、データを解析する前の、データの「前処理」がめちゃくちゃ大変なのです。

データ解析に取り組む前に、解析しやすいようにデータを集計する作業のことを「前処理」と言います。これが、ものすごく時間のかかる、地味で辛い作業なんです（笑）。でも前処理をしておかないと、音声認識の精度は高まりません。

そうした背景をご存知ない方が「ディープラーニングを使えば精度が上がると聞きました。

要は画像と一緒でしょう？　こっちはデータを用意したから、早く作ってくださいという認識でビジネスを始めようとされるので、何度も「それはちょっと違います」という説明をしなければならない。もらったデータをまず前処理するけど、そこに時間がかかるのです、という話がなかなか理解されなくて困っています。

画像認識以外は、音声認識にしろ強化学習にしろ、昔ながらの手法にディープラーニングをプラスして精度を上げていると思えば良いでしょう。昔ながらの手法より数パーセント、場合によっては15～20パーセント近く精度が上がります、といった程度です。

ディープラーニングは何でもゼロベースからできてしまう魔法ではありません。ディープラーニングが誕生したことで、全ての手法が置き換わるわけでもありません。それだけは知っておいても良いでしょう。

音声認識の世界も、そんなに前処理が面倒なのは知りませんでした。

と言いますのも、私たちデータサイエンティストの世界でも「前処理」は非常に面倒で、地味で、時間のかかる作業だと知られています。以前、分析にかかる全ての時間を集計してみたところ、この前処理が5～6割ほどを占める案件が結構ありました。

要は採れたての野菜を持ってきて「これでカレー作れますよね？　早く食べさせてください！」と言っているのが現状です。皮をむかないといけないし、煮込むのに適したサイズに切らないといけないし、土が付いているから水で流さないといけない。

そんな下処理をしていると、いきなり「何している、早くカレー食わせろよ！　いつまで時間かけるつもりだ！」と怒鳴り込んで来る人は意外と多いと感じています。

処理に適したデータのかたちがあって、必ずしも採取したデータのまま使えるとは限らない、という話はもう少し広まっても良いと私も感じています。

なぜ「やりたい内容」と「やれる内容」のギャップは生まれるのか？

ビジネスの現場で人工知能を活用したいと考えるビジネスマンの想像と、実際にディープラーニングのプログラムが書ける田中さんとの間には、明確なギャップがいくつかありそうですね。

会議室の雰囲気をディープラーニングで解析してくださいという話だったり、音声記録があるから人工知能に認識させてくださいという話だったり、どうやってそれ実現するのと頭を抱えるような仕事の相談を受けられて、田中さんは「やりたい内容」と「やれる内容」のギャップを、どのように埋められているのですか？

そもそも、どうして「やりたい内容」と「やれる内容」のギャップは生まれてしまうのでしょうか？

どうやってギャップを埋めるか？

こうした人工知能をビジネスに活用したいというトレンド自体は、開発者としては嬉しいです。そうした追い風が吹いていることを実際に肌で感じています。人工知能セミナーを定期的に開催しているのですが、参加者が結構多くてありがたいなぁと僕は思っています。このトレンドはしばらく続くでしょう。

ただ、セミナーでは、本書の内容と同じく「ディープラーニングを入れたら何でもかんでも魔法のように解決するわけではありません」と言っています。

そこは取り繕っても仕方が無いので、ギャップは僕の方から埋めていますね。「できるかもしれません」というような相手に気を持たせるような話もしません。「○○だから、今の技術では無理です」と丁寧に説明していくしかありません。

すると参加者からは「あ、その程度のものなのね」「あの本に書いてあった内容と違う」

という反応が返ってきます。「期待しすぎた」という顔になっているのが僕でも分かるぐらい（笑）。ただ、中には「だったら、こういう使い方はできませんか？」というポジティブな声が上がることもあります。まぁ、千差万別です。

受け止め方に違いがあるのは仕方無いですね。そのギャップを超えられる人とビジネスをやった方が、結果的には上手くいくと僕は考えています。

なぜなら人工知能をビジネスに導入するには様々なリスクがあるからです。そのリスクを乗り越えるためには、思っていたのと違っていたぐらいのギャップは、企業側で乗り越えられなければ、成功はおろかプロジェクトが途中で挫折しかねません。

こんなことができると、**本に書いてあった、ニュースでやっていた、そんな内容を鵜呑みにしている方とは、なかなか上手く仕事が進められません。なぜならそういう方は、人工知能をビジネスに導入する上でのリスクにまで目を向けていないからです。**

だからこそ「やりたい内容」と「やれる内容」のギャップが生まれるのだと僕は思います。

人工知能をビジネスに導入するには

どんなビジネスにもリスクはあります。そのリスクを踏まえて、ディープラーニングのメリットを活かしたビジネスを一緒にやっていきましょう、という現実的な話が受け入れられる環境が整ってきたのは、2017年ぐらいからではないでしょうか。

それまでは、とにかくやってみよう！　とトップダウンの一声で決まることが多かった印象を僕は抱いています。その結果、あれがやれない、これもやれないと制限だらけで、現場も疲弊して、うやむやのまま組織が解散するという無残な結果に終わった例も知っています。

やはり、どんなプロジェクトであっても熱意や勢いだけではダメです。制約や制限などのリスクを把握しないとプロジェクトは前に進みません。言い方を変えると、2017年ぐらいからは、企業がガチで儲けるためにいよいよ本気で人工知能に取り組み始めたとも言えます。

では、ビジネスに導入する上で、どんなリスクが考えられるのか。多くの場合、**ディープラーニングを理解した人材の不足、人工知能を導入しようとする組織の勉強不足、そして質の高い学習データの不足、この3点にまとめられると思います。**

2016年までは、それらに加えて人工知能を実際に動かすハードの不足という4つ目の大問題がありました。しかし、この点はかなりハードルが下がってきていて、もはや制約とは言えなくなりました。

その理由として、ＧＰＵが安くなった点が挙げられます。２０１５年頃はディープラーニング用ＧＰＵが1個80万円ぐらいの値段でしたが、1年ぐらいで12万円まで下がりました。あのとき買った人は相当損していますね（笑）。

ちなみに「ＧＰＵって何？」という人が結構いると思うので、簡単に説明しておきます。

$$\begin{bmatrix} a & b \\ c & d \end{bmatrix} \times \begin{bmatrix} x \\ y \end{bmatrix} = \begin{bmatrix} ax+by \\ cx+dy \end{bmatrix}$$

$$\begin{bmatrix} a & b & c & d \\ e & f & g & h \end{bmatrix} \times \begin{bmatrix} x \\ y \\ z \\ t \end{bmatrix} = \begin{bmatrix} ax+by+cz+dt \\ ex+fy+gz+ht \end{bmatrix}$$

図２-３　行列計算のイメージ例

ＧＰＵとはリアルタイムの画像処理に特化したハードウェアのことです。ＧＰＵのＧとはグラフィックを指します。製造元としてはＮＶＩＤＩＡが有名ですよね。

もともとＮＶＩＤＩＡはゲーム用ハードウェアの中にあるチップを作る会社でした。最近のゲームは３Ｄ空間の中を自由自在に動き回れると思いますが、あれはＧＰＵが搭載されたグラフィックボードと呼ばれる膨大な行列計算処理を可能とするハードがあるから実現したのです。

高校の授業で習っていると思うのですが、行列計算って1個1個は簡単な掛け算です。でも、それを並列でたくさんやらなきゃいけない（図２-３）。その行列計算の並列処理が得意なのがグラフィックボードです。グラフィックボードのおかげで、ゲーム上での滑らかな動きの再現に成功しました。

一方で、ディープラーニングでも膨大な行列計算処理が行われています。グラフィックボードのやっている計算処理とディープラーニングのやっている計算処理は似ているのです。そこで、NVIDIAはゲームのチップ開発の技術を用いてディープラーニング用のマシンを開発することにしました。GPUは、数千～数万ぐらいの並列処理が普通にできます。

要は普通のPCと違って、極めて特定の領域に特化した機械だと覚えていただければ良いです。その機械の誕生で、ディープラーニングは進化して「お手軽」になったと理解してください。

話を戻すと、人材不足、組織の勉強不足、質の高い学習データ不足、それぞれバラバラに見えますが根底は同じです。この3つの制約をそれぞれお話ししましょう。

リスク1：ディープラーニングを理解した人材の不足

最初にディープラーニングを理解した人材の不足です。

これは不足している云々の前に、国内にそうした人材がほとんどいません。だから、そもそも「これをしたいです！」という具体的な内容があったとしても、それを作る人材が足りなくて、思ったより完成に時間がかかってしまいます。

この問題は、完全に日本の準備不足でもあります。情報学科のある大学でも、ディープラーニングが次に来るというのは、２０１２年くらいまでほとんど予想されていませんでした。**ですから、ディープラーニングをしっかり学習した大学生、院生、研究者は想像以上に少ないのです。社会人になって、自分で勉強して習得しようとしている人材の方がむしろ多いでしょう。**

２０１８年現時点で、ちゃんと学習した人材を、世界レベルの規模で奪い合っています。はっきり言ってレアメタルより貴重です。なぜなら資源は一気に増えませんが、１人ちゃんと理解した人間を獲得すると、その人を教師にして社内で勉強会をして理解者を増やすことができるからです。

米国なら年収２０００万円クラスで採用されています。一方、日本の場合、社内の給与規程がどうとかこうとかで、出せて年収８００万円とかですよね。果たして、世界と戦う気があるのでしょうか。お金が全てではないですが、重要な要素の１つです。

お金で解決できることはお金で解決した方が良いのに、社内研修もしない、人材も育てない、採用にお金をかけない、それでも人工知能はやりたい、っていうのは何かが間違っていると思いませんか。

政府も人材不足は認識していて、2〜3年かけて大学院の教育課程を整備しますと言っています。

だけど、それじゃダメです。まず、時間がかかりすぎです。それに、日々進化し続けるディープラーニングは、大学院というクローズドな環境で学ぶより、もっとオープンな環境にアクセスして学ぶべきです。

例えばディープラーニングを開発するために使われるGoogleのTensorFlowはオープンソースで公開されて、誰もが自由に使えるようになっています。TensorFlowがオープンソースで公開されたおかげで、瞬く間に世界中にディープラーニングが浸透したと言っても過言ではありません。

しかもバージョンが定期的に上がるので、今までやれなかった内容が新しいバージョンでやれるようになります。クローズドな環境で2年前に作られた教科書では遅いのです。ディープラーニングを学ぶには学校に通ってコツコツ勉強するより、オープンソースを弄《いじ》くり倒す方が良いでしょう。

ちなみに、技術の共通基盤となるプラットフォームをオープンにして、それを世界標準にするというのは、インターネットの時代の常識です。政府としても、開発ガイドラインを策定したり、産業化ロードマップと題したよくできた教科書のような壮大な未来図を作成したりするよりも、プラットフォーム構築を支援した方がよほど効果的です。

一方で、理論面については最低限でも高校数学ⅢC、大学数学レベルの知識が必要ですから、しっかりと勉強するために大学院のような場所も必要だとは思います。要はバランスですね。大学院強化一辺倒では片手落ちなのです。

ちゃんと教育するのも大事ですが、本当に好きな人なら自分から情報にアクセスしようとします。大切なのは、そういう人材がディープラーニングに関する情報にアクセスできるような環境の整備だと僕は思いますね。

リスク2：人工知能を導入する組織の勉強不足

次に人工知能を導入する組織の勉強不足です。

色んな企業からお声がけをいただくのですが、中には「上司から人工知能って言われているから」と考えている人が少なからずいます。そういうような、上から言われたから仕方無くやっている人が導入における一番の障壁になります。

人工知能に対してもっとも危機感を抱いているのは、役員クラスの人間です。彼らは、何かよく分からないけど人工知能に対応しないとヤバいと考えている。だから部下に対して「やれ」って言います。部下からしたら「このクソ忙しい時期に何を言ってんの」と思いつつ、「かしこまりました」と頭を下げている。

頭の中は責任と保身のせめぎ合いです。どうせ世界とはガチで戦えないし、この技術がスタンダードになるかどうか分からないから、本音では様子見しておきたい。失敗したときの責任は取りたくないから。でも、やっているというアピールはしておきたい。

そういう責任逃れの人たちが現場、管理職問わずめちゃくちゃ多いです。やっていて嫌になるぐらい。

こういう人たちは、人工知能で何ができるか全く分かっていない状態で会議に参加して、ものすごくフワッとしたお題を言ってくる。だから、会議の出だしから「それはできませんね」みたいな後ろ向きの議論から始めなければいけなくなります。

何も分かっていない人のために、「あなた分かっていませんよ」と説明する時間を、なぜ割かないといけないのか疑問が湧いてくるわけです。誰か分かるやついないのか！　と言い

たくなります。

本当にビジネスに導入するつもりがあるなら、技術が分かっていなくても、ディープラーニングは何ができるかという根底の部分は押さえておきますよね。それすらできていない。もっと勉強してくれ！　と思いますね。

これは個人の問題ではありません。組織の問題です。ピーターの法則ってご存知ですか？　簡単に言うと、組織は進化すると最終的に全て無能な人材が占めるという話です。

組織は役職と階層からなる社会です。だから、有能な人間は出世すると肩書きも付いて、階層も上がっていく仕組みになります。でも、次のポストでも有能とは限りませんよね。仕事ができなくて無能のレッテルを貼られるかもしれない。

そうなると昇格しないじゃないですか。つまり無能のまま留まってしまう。すると、各階層がどんどん無能な人材によって占められていきます。

要は、人材を適材適所に完璧に配置できている人事なんてないのです。人工知能をやらないといけない部署の責任者が全くの無関心で、なかなか話が前に進まないなんて話はよくあることです。組織としてやらないといけない業務内容を、その業務を推進する役職者が理解していないなんて、実によくある話です。

だから、一番大変な思いをするのは、やる気のある人たちです。僕に相談をくれる人の中には、ディープラーニングを活用しないと会社として生き残れないと真剣に悩んでいる人たちがいます。

でも決裁権限を持つ人に説明に行くと「損失が出たらどうするの?」という後ろ向きの質問や「そもそもディープラーニングって何?」という今さらな質問が飛んでくる。やる気のある人たちは真剣なんだから、分からないならせめて邪魔しないでくれよって思いますね。会議のための会議をして、根回しをして、お膳立てされた御前会議が開かれないと先に進まない組織は結構多いですよね。日本大丈夫かよ！　と思います。

私たちが組みたいのは、予算感と研究スケジュールが最初から分かっているお客さんです。ベクトルが近いと、なお良いですね。

日本の競争力低下の要因の1つは、絶対に組織の問題が絡んでいると僕は思います。

リスク3：質の高い学習データの不足

最後に、質の高い学習データの不足です。

先に紹介した2つと違って、データ不足ですから、エンジニア寄りの話に聞こえるかもしれません。しかし、この３つ目のリスクこそ経営陣が率先して取り組まなければいけないことだと僕は思います。

海外では、質の高いデータを独占して、付加価値のある学習済みモデルを作成しようとする動きがあります。ハードが制約にならなくなった今、競争の源泉はデータになります。データこそ貴重な資源です。

データをいかに計測し、蓄えるのかを各社が競っています。ＭｉｃｒｏｓｏｆｔがＳｋｙｐｅを買収したのも、世界中のあらゆる音声データを入手するためだと言われています。遅ればせながら、スマートスピーカーというサービス経由で、ＡｍａｚｏｎやＧｏｏｇｌｅという巨大企業が音声データを入手しようとしています。サービスに人工知能を組み入れて、消費者との接点を持ち、多様なデータを獲得できるデバイスは貴重です。

だからこそＩｏＴ（モノのインターネット）と呼ばれる、インターネットにつながる様々なデバイスが注目を集めているのです。ＩｏＴのおかげで、実世界でもデータの計測が可能になりました。インターネットの世界だけがデジタルで、一般社会はアナログだと分類できた時代は終わりました。だからこそリアルデータのハードルが一気に下がってきているのです。

でも、データにも良し悪しがあります。端的に言えば、質が低いか高いかという精度のことを指します。

色んな意見があると思いますが、できるだけ多くの部分を網羅しているデータが質の高いデータだと僕は考えています。

例えば、今まで何度か話に挙げている車の画像で言うと、トヨタ自動車のデータしかなかったら、日産自動車やスズキの車を認識しない可能性があります。だから、できるだけ広く網羅している必要があります。

ディープラーニングの場合、同じような車のデータはそんなに要りません。**できるだけ色んな種類の車のデータが必要になります。それを実現しているデータは、質が高いと言えるでしょう。**

でもビジネスですから、地球上にあるもの全ての網羅は無理ですよね。データの収集にかけられる時間との勝負だとも言えます。だから、どこまでを網羅したらいいのだろうと現場レベルでは悩むでしょう。

学習データの精度が、アウトプットの精度にも影響を及ぼします。本来なら収集範囲の線引きを「ディープラーニングを理解した人材」が考えると良いのですが、社内にいないから妥当な線が生み出せない。だから、どんなデータを揃えればいいかで1回は躓《つまず》きます。ただ、大半の企業はそもそもデータすら貯めていません。これには本当に何度も頭を抱えました。

仕事に関するあらゆるデータを貯めるのは、多くの企業にとっては今までに無かった慣習のようです。せいぜい監査に対応するための記録ぐらいでしょう。

データを貯める。なるべくディープラーニングで活用しやすいよう、デジタルな環境に自然と蓄積できるようにする。これは経営者が号令をかけるしかないです。今までと違う業務を新たに始めてください、って話ですから。

結局、質の高いデータの準備も、組織を説得するのも、ディープラーニングを分かった人材がいないと速度が出ないというのが今のところの結論です。**人材が最大の制約事項です。圧倒的に人材不足です。人材不足が日本におけるディープラーニングの浸透を阻害しています。**

人手不足解決のため、人工知能は誰にでもやれる事務全般を担えるか？

ディープラーニングを理解した人材の不足ですか。それは昨今言われている人手不足とはまた違いますよね。田中さんの定義によると「最低限でも高校数学ⅢCレベルは理解しているべき」なら、ちょっとハードルが高いと私は感じます。

まずは社内でそういう素養を持っている人を集める必要があります。意外と総務に勤めている人間やプロジェクトマネージャーなどが、大学院まで通って大学数学を理解しているものです。

この先、労働者人口はますます減っていきます。社内の仕事をできるだけ人工知能に任せて、本当に必要な仕事、やらなければならない仕事に集中できるようにしないといけないでしょう。

そう言えば、あるビジネス書では「これからもっと人口が減ってくるから移民必要論が出てくるかもしれない。しかし、人工知能でカバーすればいいじゃないか。誰でもやれる事務全般を任せられる人工知能があるだけで解放される人たちは多い」と主張していました。

人手不足を解消するために、誰でもできるような事務作業全般を、これから5年ぐらいで人工知能に任せられるようになるのではないでしょうか。

かと思えば、2017年10月には、3大メガバンクが人工知能の導入で既存業務の人員配置を大幅に見直し、業界全体で3万人以上の人員削減を行うと発表しました。銀行員の仕事が人工知能によって奪われた、いよいよ人工知能が人間の仕事を奪うのではないか、人工知能による失業時代に突入したと非常に話題を呼んでいます。

「忖度」のできない人工知能

はっきり言います。事務作業全般は難しいでしょう。2018年現時点では無理です。2020年でも難しいでしょう。

3大メガバンクの件に関して言えば、大規模なリストラの理由を人工知能のせいにしているだけです。マイナス金利政策の長期化で利ザヤが縮小して、融資業務で稼げなくなったので、仕方無くリストラせざるを得ない言い訳に人工知能を使っているだけです。

今もし人工知能によって本当に3万人もの仕事を奪えるなら、その人工知能を世界中で販売すれば良いと思います。めちゃくちゃ売れるでしょう。セールスマンとしてその3万人を雇えるぐらいに。

ただし、何かの作業にのみ特化するなら可能性はあります。しかし全般は難しい。なぜなら、人間風に言えば「気を利かせた作業」は先ほど説明した「理由付け」が必要だからです。

例えば電話や会議の議事録作成。その受け答えを、そのまま全てテキスト化するっていうのはできると思います。けど、重要だと思われる箇所のみメモとして残すのは、まだまだ技術的には難しいでしょう。事前に「何が重要か？」という人間の指示が必要です。人によって重要度が違ってしまうと「あれが入っていない！」「それってそんな重要な話ですか？」みたいなやり取りが発生しそうですね。指示なく会話の文脈だけから重要度を理解して要約するのは、まだまだ先の技術だと言えます。

他にはスケジューリング応対。メールのやり取りや電話の履歴、あるいはお金のやり取りから重要なお客さんか否かを自動的に判断させて、「この時間はスケジューリングしていい」みたいなインプットがあれば、「この顧客は重要です。何日何時にスケジュールしましょう」という作業の自動化はできそうです。

ただ、理由付けが何といっても難しくて、重要なお客さんか否かの判断は結局人間が判断した方が良いと言われそうです。例えば、その取引先とトラブルを抱えているから、至急会わないといけないという「雰囲気」を、ちゃんと理解してスケジューリングはしてくれないでしょう。いちいち「今トラブル対応中」とインプットしておかないといけない。

要は、人工知能は「忖度」ができないのです。空気が読めないですから（笑）。事務作業

はある意味で忖度の集合作業みたいなもので非常に人間味があります。そうした作業は人工知能には難しいです。

お掃除ロボットの進化で考える人工知能とビジネスの距離感

人工知能がどういう風に発展するのかを分かりやすくイメージできる例として「家庭用お掃除ロボット」で考えてみましょう。

家庭用お掃除ロボットって、最初は床のごみを吸い取るだけでしたよね。それが流行ってきたら、今度は床拭きができるロボットが出てきました。両方を併用している人もいるみたいですし、家がフローリングだけなら床拭き専用で良い人もいるでしょう。

今のところ階段の掃除はできないですが、そのうちクモのような姿をしたロボットとか出てきそうですよね。足を使って自動昇降しながら掃除をしてくれるのです。

そういう自動掃除機の機能が一通り出そろうと、最終的に統合されて、どんな箇所でも掃除できるオールマイティーなお掃除ロボットが誕生するはずです（図2-4）。

何かに特化したものが、段階を追って登場していき、最後に統合されるのが常でしょう。突然、万能な人工知能がバーンと出てきて「人工知能すげえ！」となることは、まずありま

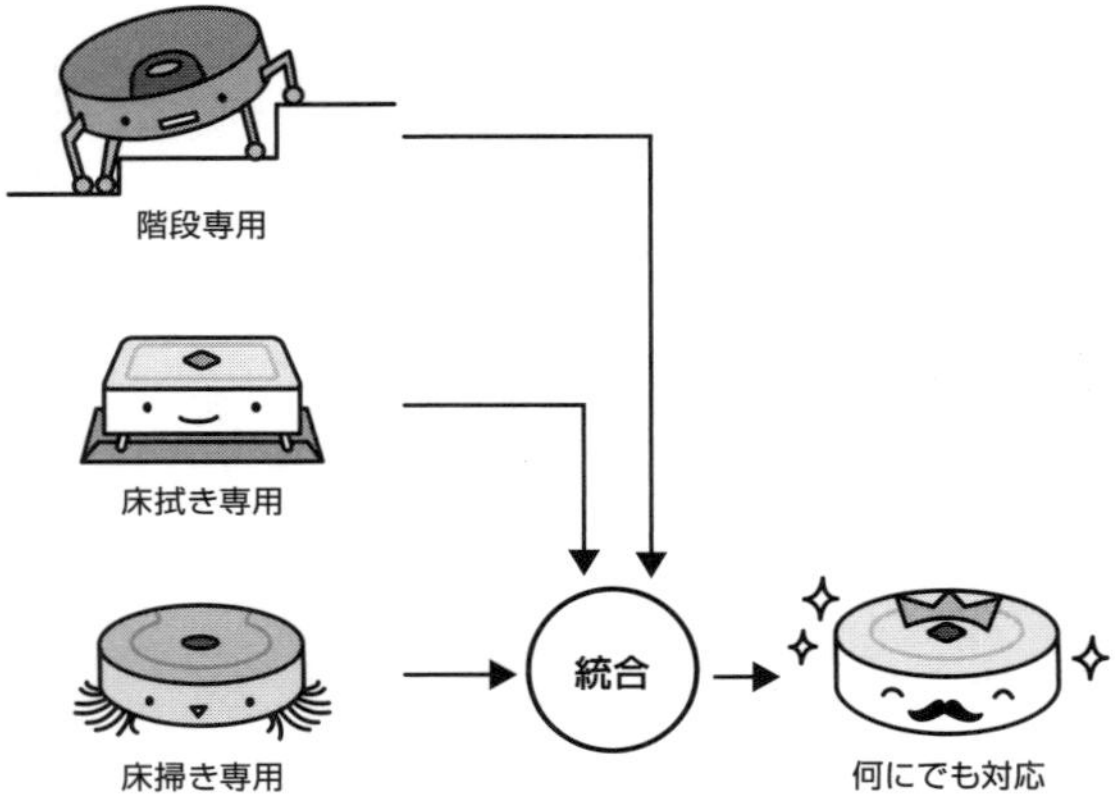

図2-4　機能に特化したロボットが誕生して、やがて統合されていく

せん。

事務作業全般ができる人工知能も2030年以降には誕生しているかもしれません。ですが、その前段階としては、電話応対だけなら任せられる、備品管理と発注だけなら任せられる、スケジュール管理だけなら任せられるという部分的な人工知能に留まるでしょう。

そして、いつの間にか「あの秘書より人工知能の方が優秀じゃないか」となるのが実際のところではないでしょうか。

なぜ段階を経るのかと言うと、ディープラーニングを含めて機械学習はデータが全てだという話を思い返してください。過去に遡ってもデータが無いようなイレギュラー対応には非常に弱いのです。

したがってある領域に特化した機能を提供して、ひたすらデータを収集していくしかないのです。万分の1の確率でしか起きないハプニングと呼ばれるようなデータを、どれだけ集められるかが鍵になります。

ある領域のデータが集まったら、安全性を担保できるまで性能を高めて、他の領域とちょっとずつ統合していく。**ビジネスとして利益を出さないといけない以上、これら全てを研究費用として賄える企業はそうありません。小出しにせざるを得ない。お掃除ロボットを提供する企業も、小出しにするのはやむを得ないと思っているはずです。**

事務作業全般なんて、イレギュラー対応の集合体の極みです。20世紀は工業化の時代でもあり、自動化の時代でした。もしその流れを受けて自動にできていたら、とっくの昔に自動化されています。それがいまだにされていませんから、事務作業全般が人間の能力の上で成り立つイレギュラー作業だらけという証左ではないでしょうか。だから、そう簡単には人工知能で代替されません。少しずつです。

こういう流れを無視して、いきなり人工知能がドンとやってくる！　という話はウケが良いかもしれませんが、開発者からするとちょっと迷惑ですね。そういう話はあまり信用しない方がいい、とこの場で付け加えさせてください。

第２節　２０２０年代

東京オリンピックで自動運転車、ロボットタクシーは活躍しているか？

前の節では、現在活躍している人工知能を活用したビジネスについて話を聞いてきました。

この節以降は人工知能を活用したビジネスが、この先の社会をどのように変えていくのかについて話をしていきたいと思います。まずは2020年代に焦点をあてます。

最初に、様々な成功事例が登場している自動車の領域から話を聞いていきましょう。

人工知能と自動車の組み合わせについては、大きく2つ登場しています。1つは「自動運転」です。人間が運転の操作を行わなくても、行き先を指定するだけで、自動で走行できる自動車を指します。

自動運転はトヨタ自動車などの自動車メーカーだけでなく、GoogleなどのIT企業各社がしのぎを削って開発を進めています。今までの自動車業界という枠を取り払った激しい開発競争が起きているのは、「自動運転」が業界の枠を超えた新しい技術だからとも言えます。

もう1つは「ロボットタクシー」です。自動運転に対応したタクシーをイメージすればいいでしょう。車には利用者しか乗っていないタクシーを指します。つまり運転手がいないのです。

要は自動運転技術が発達していけば、それに合わせてタクシーやトラックなどの輸送は人が不在でも対応できるであろうという理屈です。

東京でオリンピックがある2020年にはロボットタクシーの完成を目指すという話もあります。

先行してタクシーや無人バスなどの事例が出てきています。この他にも2017年11月にはイーロン・マスク率いるテスラから自動運転技術を搭載したトラック「Ｔｅｓｌａ Ｓｅｍｉ」が発表され話題となりました。

田中さんは自動運転車やロボットタクシーを、どのように見ておられますか？

ロボットタクシーの活躍はまだ先？

何をもってして「完成」とするのかの定義がよく分かりませんが、東京オリンピックには間に合わないでしょうね。自動運転車もロボットタクシーも、完成して街中を走行するまでには、2030年まで待たないといけないのではないでしょうか。色んな問題を抱えていますからね。

もしかしたらロボットタクシーの試作版が東京オリンピック開催中の期間限定で街中を走るかもしれませんが、何台かが特定の区間を走行するデモがマスコミ向けに公開されて「すごいでしょ?」っていう感じ止まりでしょう。

東京オリンピックの頃には、東京都区部の中でもオリンピック会場周辺が特に注目を集めるでしょうから、僕なら、有楽町から築地までの都道304号線を行き来することを考えますね。あの距離だったら直線でしょう。しかもメディア受けの良い景色が続きますよね。もし完成したとしても、あくまでも見世物として5台とか、かなり限られた台数で運用するのがたぶん限界だと僕は思いますね。

しかも、事故が起きないようにゆっくり走る。レールが無い自動運転モノレールみたいなものですね。中央コントロール室のような場所で、監視されながら動いていると思えば良いでしょう。

なぜなら、ロボットタクシーは常に有人監視していないと、事故を起こすかもしれないからです。自動運転車は運転手が運転席に座って、機械が代わりに運転を行います。しかし、ロボットタクシーは違いますよね。運転手不在で、乗客が中にいるだけです。

そうすると、もし万が一道路に何かが飛び出してきたとき、誰がどうやって対応するのでしょう。ロボットタクシーを監視する人の目は絶対に必要だと僕は思います。

モノレールのような列車の自動運転は、人が線路内に立ち入らないような配慮が徹底されていますよね。ですが、ロボットタクシーは公道を走るわけですからそれは難しい。だから速度を出さずにゆっくり走るのです。いや、出せないと言った方が良いかもしれません。２０２０年の段階では、かなり限定された範囲内での見世物とならざるを得ないでしょう。

自動運転技術はどこまで進んでいるのか？

自動運転技術については、相当誤解を生んでいるなぁ、と僕は思っています。**「自動運転」と言われていますが、それは目指すべき目標であって、現状は言うならば「ちょっとだけ自動運転」なんです。**

これは個人的な想いですが、自動運転技術を開発しているテスラのイーロン・マスクには誰も敵わないだろうと考えています。そのテスラでさえ、２０１８年現時点では15秒以上は手を離しちゃいけないと言っています。

これは、国連下にある自動車基準調和世界フォーラム（WP29）において、２０１７年に策定されたルールに準拠しているようです。最大で15秒以上手を離すと視覚的な警報を出して、30秒以上手を離すとさらに警報音を出すというルールが決まったのですね。

アメリカの車道は、だいたい幅が広くてひたすら真っ直ぐです。だから、短時間ハンドルを手放して少しでも楽をしたいというニーズが一定数あり、ハンドルロックが可能な車が10年以上前からあります。２０１８年現時点では、あくまでもその延長という感じですね。

一方で、日本がアメリカと同じ状況にあるかと言えば、そうじゃないというのは誰でも分かるかと思います。

例えば、東京23区内って坂が多いですよね。速度は出せないし、ハンドルは握っているだけじゃなく、どちらかと言えばハンドルを回すことが多い。１秒でも手を離せない道は、まず自動運転は無理でしょう。

アメリカの大通りをガンガン走れたところで、日本で販売できるかと言えば、それは違う

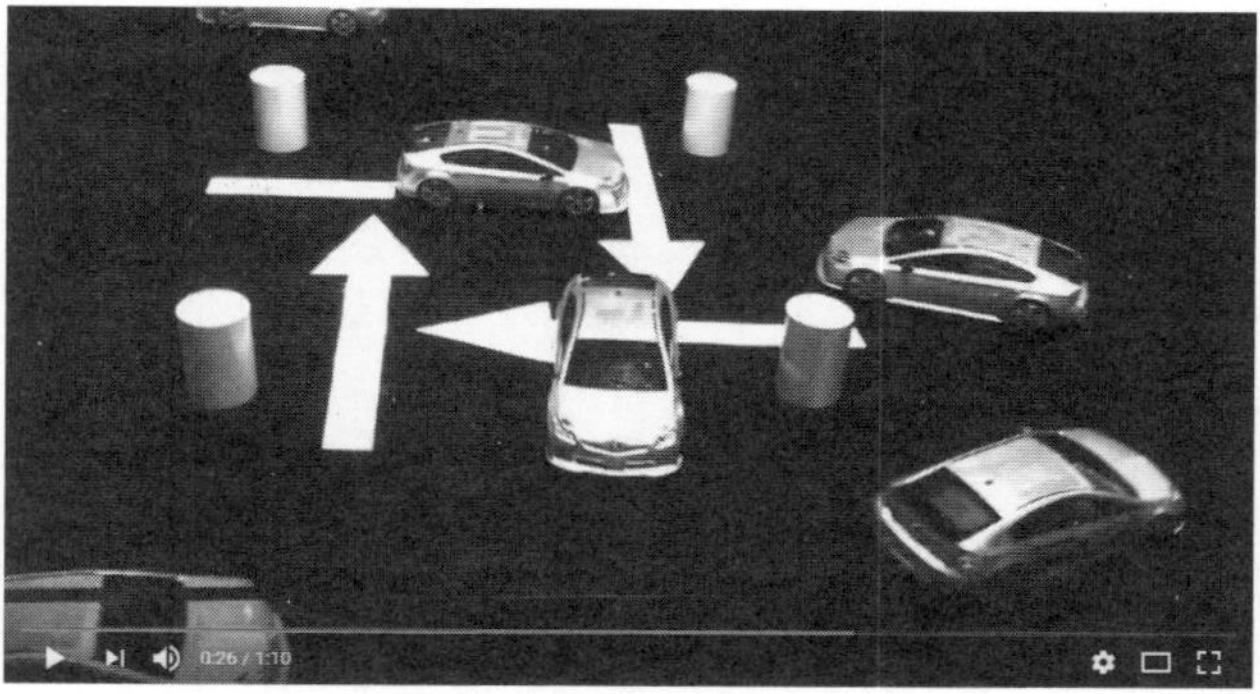

図2-5　「ぶつからない」を少しずつ学習していく車
(https://www.youtube.com/watch?v=7A9UwxvgcV0)

だろうと製造側が自制すると思いますね。現実的に考えると「自動運転」できる車の販売はまだないかな、と思います。

自動運転に関しては、トヨタ自動車が2016年のコンシューマー・エレクトロニクス・ショーと呼ばれる見本市で発表した「ぶつからないクルマ」という人工知能搭載自動運転車のデモが有名です。

このデモのすごいところは、「ぶつからない」こと自体を学習していき、最終的には整然と道を走る点にあります。そのデモ動画はYouTubeに上がっていますから、ぜひ確認してみてください（図2-5）。

この自動運転の機械学習には、Preferred Networksの開発したChainerと呼ばれるニューラルネットワークを使うためのオープンソースが使われています。

Ｐｒｅｆｅｒｒｅｄ Ｎｅｔｗｏｒｋｓは２０１４年に創立された日本発のベンチャー企業です。機械学習やディープラーニングについては確かな技術力を持っています。２０１７年にはトヨタ自動車が１０５億円を出資するなど大きな話題を呼びました。

このデモを見ていると「自動運転の未来がもうすぐそこまで来ている！」と思うかもしれません。

確かに、自動運転の技術自体は相当に進んでいます。しかし、安全面ではかなりの心配があります。例えば目の前の光景を誤認識してしまって、結果的に物や人にぶつかる可能性もあります。学習データが無いために、人間が見ればどう見ても障害物と認識できる物体に、速度を落とさず突っ込んでしまう可能性もあります。

あるいは物理的な問題として、目の前の光景自体を認識するカメラが泥で汚れたり、埃やチリが積もって前が見えにくくなったりする可能性もあります。

ある人気の自動運転車を借りた友人から聞いた話をしましょうか。

自動走行モード中、ＥＴＣに全然反応してくれなかったらしくて、速度を落とさず料金所に突っ込んで行ったみたいなのです。自動運転技術は車だけでなく、その他の環境も対応し

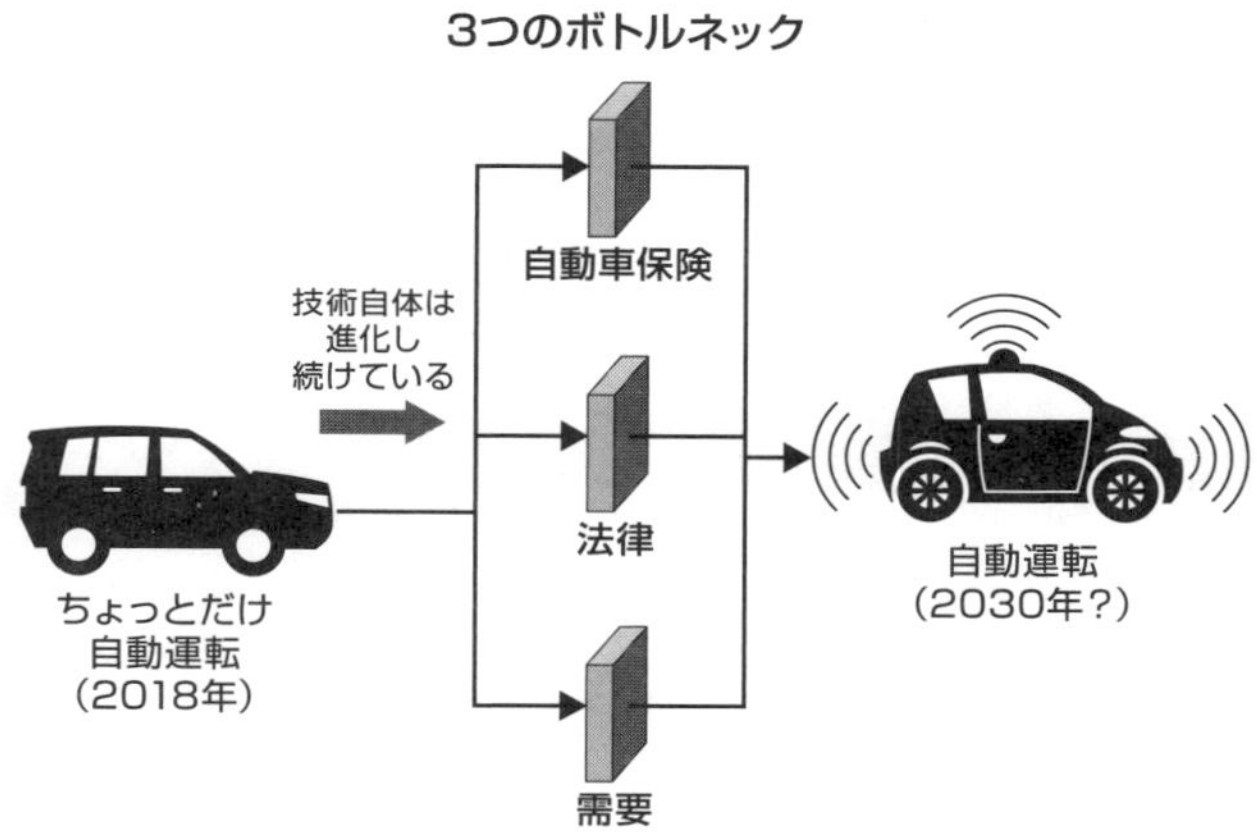

図2-6　自動運転の3つのボトルネック

てなきゃダメだねと言っていました。

　つまり、**自動運転技術が完成したところで、すぐに世の中に自動運転車が広がるかと言えば、そうではないのです。技術の完成と、その技術を用いた自動車の流通は別の話です。**動くよね、っていうところまでは実現していますから。それは間違いないです。つまり技術自体がボトルネックにはならない。

　自動運転車に関して言えば、一番重要なのは、安全性が本当に担保できるのか。次に、事故を起こしたらどうするのか。最後に流行るのか――つまり、保険適用できるのか、法律はクリアしているのか、トレンドは起こせるのかという3つの階層が重要だと思います（図2-6）。

例えば、安全性というところで、保険会社が納得するほどの公道での事故率の低さを弾き出せるでしょうか。Ｇｏｏｇｌｅでもテスラでも２０１６年に死亡事故を起こしています。技術を高めれば良いのか、法整備でルールをしっかり決めれば良いのか、そこはまだ模索中ですね。２０３０年には誕生してほしいですけども。

今はまだ、完成度の高い映画の予告編を見させられているようなものです。２分間だけ顧客を満足させる映像は作れても、残り１１８分のクオリティが完成していない。一番良い２分間の予告編を見せられて、残り１１８分間もさぞかし凄いのだろうと思って見たらクソだったという経験が皆さんにもありますよね。

自動運転に関しても同じです。技術は凄い、それ以外が追いついていないのです。

ディープラーニング＋顔認証、テロ対策にも有効か？

東京オリンピック開催準備をキッカケに、人工知能と特定の産業が良いように組み合わさって、ビジネスが大きく飛躍する例は意外と多いのではないでしょうか。

私が一番興味を持っているのは防犯対策用の顔認証です。今までも顔認証システムは存在していますが、ディープラーニングを取り入れ、防犯対策として進化を遂げるのではないかと考えています。音声認識で紹介した例のように、既存のシステムにディープラーニングが加わることでさらに進化する1つが顔認証システムだと思うのです。

例えば、事前にテロなどの前歴を持っている人間の顔をデータベースに登録しておくとします。もしその人間が空港など警察が監視している空間に足を踏み入れたら、監視カメラがデータベースに合致する顔を分類して、アラートを上げるのです。

パナソニックは2017年5月にディープラーニングを使って、世界最高水準の精度を誇る顔認証の技術を開発したと発表して話題になりました。マスクやサングラスをして顔を隠したり、あるいは正面を向いていなかったり、部分的でも認識できるようです。

ディープラーニング＋顔認証はここまで進んでいる

松本さんの言われた通り、既存のシステムにプラスしてディープラーニングを用いた結果、より精度が上がった良い例の1つが顔認証システムです。

中国では、2015年から「天網」と呼ばれる、人工知能を用いた監視カメラの運用が開始されていると言われています。

「天網」は犯罪者データベースと連動しており、そのリストにある顔が監視カメラに映ると、すぐさま顔認証を行い、一致すれば即座に警報が鳴るようです。なんでも信号無視や道路に急に飛び出すだけでも顔を覚えられてしまうそうで、どこかにそんな監視社会を風刺する小説があったなぁと思いを馳せますね。

松本さんがおっしゃられたような内容を、中国ではすでに実施しているのです。

1億7000万台のカメラが中国の国内に設置済みだと言われています。表現が曖昧なのは、中国当局が公式発表をしていないからです。フランスなどのEU諸国からは、個人のプライバシーを侵害すると大いに批判されています。ですから、全貌が明らかになると困るのでしょう。

ちなみに、防犯対策とまではいきませんが、日本国内でも顔認証システムの導入が進んでいます。

例えばAppleが2017年9月に新しく発表したiPhoneXには、FaceIDと呼ばれる顔認証システムが搭載されました。今までTouch IDと呼ばれる指紋認証かパスコードを入力してロックを解除していましたが、これからは顔をかざすだけでロックが解除されます。

発表によれば、双子だと誤認証を起こす可能性が少しあるようですが、13歳以上の双子に条件を絞ると非常にまれだそうです。かなりよくできた顔認証システムと言えます。

その他にも２０１７年10月にはセブン‐イレブンの店舗端末にＮＥＣが持つ顔認証技術の導入実験が始まりました。カメラに管理者の顔をかざすだけで、認証成功すれば瞬時に端末にログインが可能になるそうです。

ＩＤとパスワードは忘れたり紛失したりする可能性もあります。しかし顔自体がセキュリティキーになるなら、そもそも何も覚える必要がありません。なりすまし対策にも効果的です。

その他に、意外なところで言えば、イベントや音楽ライブの会場です。２０１７年９月には、エイベックスとＭｉｃｒｏｓｏｆｔが、観客満足度向上のために感情分析の実証実験を行いました。

ライブに訪れている人の顔を認識して、男性か女性か、何歳ぐらいかまで分かるのです。さらに喜んでいるか怒っているかまで把握できるそうです。

年齢もかなりの精度で言い当てます。なぜ当たるのか不思議に思われるかもしれませんが、この技術はＹＯＬＯで紹介した「画像認識」「動画認識」と基本的には同じです。やっている内容はトラックなのかバスなのかを識別する方法と大差ありません。

21歳の人の顔、22歳の人の顔、何歳かを明記した大量の人の顔の学習データを読み込めば、だいたい何となく年代の特徴とかが見えてきます。性別も同様です。年齢を重ねることで特徴的な傾向が現れるので、それを学習しているのです。

ただし、誰でも高い確率で当てるかと言えば、そうではありません。

よく健康食品のCMで「私、何歳に見えますか？　実は60歳！」「えっ、見えない！」というやり取りがありますよね。もちろん、人間でも誤認識してしまう顔なら、機械も間違えるとは思います（笑）。

つまり見た目でしか判断していませんから、実年齢が当たるわけではありません。

人工知能は挙動を学習して「怪しさ」を検出できるか？

こうした例は、顔の学習データがあるから可能なのです。その延長線上で、顔ではなくて挙動を捉えて防犯対策を行いたいという相談を受けたことがあります。動画認識をして人間の「挙動」を学習させて、どうにか事前に「この人ちょっと怪しい」と目を付けたいというニーズは、小売業界に一定数あります。

実際のところは「怪しい」と感じるかどうかは人それぞれなので、ちょっと難しいかもしれません、と返答しましたけどね。

人間の挙動を見て警察官が「この人、何となく全体的に怪しいなぁ……すみません、ちょっといいですか」と職務質問をするのは直感的だし感覚的ですよね。全体的に怪しいけれど、具体的にどこがどう怪しいのかは言えない。でも、何かひっかかる部分があるから声をかけるのです。

もしかしたら、人間が言葉にできていないだけで、挙動不審の特徴ってあるのかもしれない。例えばキョロキョロしている、しょっちゅうしゃがむ、カウンターの店員をやたら見ている。これは特徴としてあり得る話です。

繰り返しになりますが、雰囲気のような目にも見えないし言葉でも表現できないモノは、ディープラーニングに限らず２０１８年現時点の人工知能技術では絶対認識できません。でも、挙動不審の特徴発見というのは可能性が無くは無い領域です。少なくとも動作は目に見えています。人間が、そうした動作を言葉で「特徴」と認識できていないだけかもしれません。

こうした技術が発展して、犯罪を未然に防げるようになれば非常に喜ばしいとは思います。

防犯だけでなく、先ほど紹介したライブへの導入が進めばマーケティングにも使えますよね。セキュリティにも応用可能だと証明されつつあります。

ビジネスにおける人工知能の導入は、そういうニーズから掘り下げていった方が用途が見えてくると思いますね。聞きかじった事例から入るとまず成功しません。「こういう本を読んで、こういう事例が紹介されているから、弊社でもやれませんか?」なんて話から物事が前に進むことはあまり無いです。

プライバシーへの配慮

顔認証の話とセットで絶対にしなきゃいけないと思ったのが、プライバシーの話です。例えばコンビニに防犯対策としてディープラーニングで作られた顔認証システムが導入されたとします。そのコンビニに、松本さんが来店したとします。もし松本さんの顔を、以前万引きをした違う人間と誤認識した場合を想定してください。松本さんは犯罪者じゃないのに、いきなり犯罪者扱いです。

これは自動運転の誤認識と違って、人間を身体的に傷付ける可能性はありませんが、人の名誉やプライドを傷付ける誤認識です。何もしていないのに入店拒否されたら人権の侵害とも言えます。

だから、防犯対策用に人工知能搭載技術が完成したとしても、導入までもう少し時間がかかるかもしれませんね。自動運転車と同じパターンです。現行の法リスクやプライバシー保護が、技術の進歩に追いついていない。現場レベルで考えないといけない点が多すぎますね。まだ日本国内だから良いですよ。中国で運用されている「天網」が、松本さんをいきなり中華系マフィアと誤認識したらどうなるでしょう。**プライバシーと引き換えに治安の安定を図る国なので、松本さんがいくら人違いだと連呼しても逮捕、拘留されてしまうかもしれませんね。**

プライバシーとは、人権に関する問題です。いくら技術が進化しても、人権を侵害して良いとはならないでしょう。特に注意が必要なのが「個人情報」です。

個人情報を扱う場合、法律やプライバシーの話をセットで考えなければいけません。2017年5月にはビッグデータ時代に対応する改正個人情報保護法が施行されました。ディープラーニングはビッグデータが必須ですから、この法律は教養として理解しておく必要があります。

プログラムを書く人は何も知らないけれど、プライバシーの問題に詳しい人がちょっと上の方にいるチームというのは、よくあると思います。でも、実際にプログラムを書く人間が、

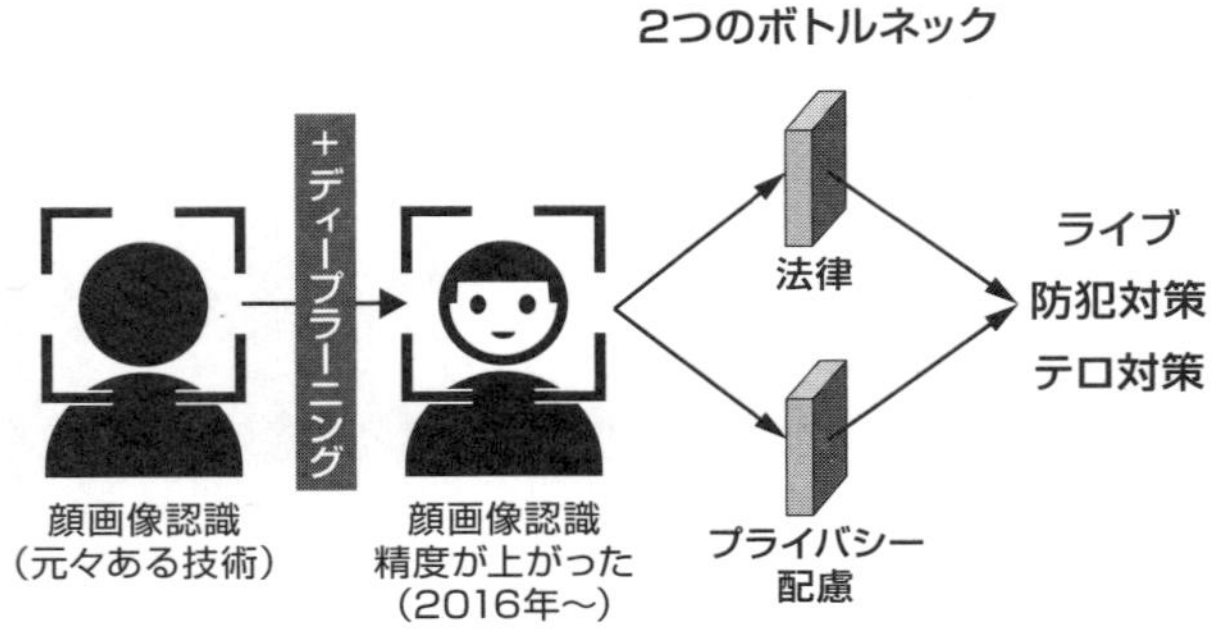

図2-7　顔認証の２つのボトルネック

隠れて何かやろうと思えばやれちゃいますよね。

人工知能を作るエンジニアの倫理とかモラルとか法認識は、今後問われるようになるでしょう。知らなかったでは済まされないような事件も起こる可能性があります（図２-７）。

個人情報の問題にしてもそうですが、既存の法律や規制に縛られてビジネスが育たないという話をよく聞きます。しかし、だからと言って法律を破って勝手にビジネスをして良いという理屈にはならない、と私は考えています。「悪法も法なり」です。

その法律や規制があるおかげで国民が利

益を得られないという強い「信念」を持ち、かつ法律や規制に違反しても、もし国民の理解を得られるならば、良いとは思います。そうした国民運動の代表例としては運輸省と戦ったヤマト運輸などが挙げられます。

ディープラーニングはデータ量・質との戦いです。個人へのサービス提供を追求すれば、必ず個人情報保護法に抵触します。どんなサービスを提供したいのか、どれぐらい便利なのか、現行法で対応できるのか、様々な観点で突っ込まれるはずです。だから、「よく分かりません」では済まされません。

言い換えると、人工知能はそれぐらいあらゆるサービスに導入可能で、かつ現行法で対応できない可能性もある、異次元の世界から登場したのだと考えても良いかもしれません。

医療、建築……どんどん進むディープラーニングの導入

さて、2020年に向けて人工知能の導入が成功しそうな領域として自動運転車、ロボットタクシー、顔認証と紹介してきました。田中さんからはロボットタクシーにしても自動運転車にしても厳しいのではないかという発言が飛び出して驚きましたが、理屈を聞いて納得できました。

これら以外に田中さんが興味を持っている業界があれば紹介してください!

人間の認識率が低ければ、直ぐにでも……

まず、医療業界です。もともと人工知能は、第1次人工知能ブーム時代から医療領域での活躍が期待されていました。現在、ディープラーニングを使った画像診断がかなり有望です。すでにビジネスとして成立していると言ってもいいでしょう。

例えば検診でレントゲンを撮っても、変な部分にガンがあると医者でも結構見落とすそうです。だから、レントゲンの結果を機械と人間の目の組み合わせで判定するのはかなり有効じゃないかと考えて、友達が医療系の画像認識を使ったベンチャー企業を立ち上げました。医者の見落としていたガンをディープラーニングで発見したという事例は、欧米でもいくつか報告されています。ただ、一部のメディアは「人工知能が医者の判断結果を超えた!」みたいに報道しますけど、もともと人間の判断が甘かっただけですからね。

米国の国立衛生研究所の調査では、診断の見落としで年間1200万人が何らかの影響を受けていると推察されています。**そういう領域では、人工知能が超えられたわけです。人間の目が見落とす確率が高いから、直ぐに人工知能は活躍しますよ。**

画像診断以外では、ＩＢＭの提供するＷａｔｓｏｎが医療に関する膨大なテキストデータを読み込んで、内容を整理するのに向いています。

２０１７年11月には、中国の名門大学・清華大学と中国企業ｉＦｌｙｔｅｋが共同で開発した「智医助理」と呼ばれるロボットが、医師国家試験に見事合格しました。

技能テストは受けていないらしく、まだ医師の資格を得るには至っていませんが、知識だけは十分にあります。今後、診療の助手や、過疎地域での初診などの活躍が期待されています。

やはり命に関わる仕事ですから、人工知能が職を奪うことはまだあり得ません。人間の補助としての活躍が期待されています。しかし10年後はどうなっているかは分かりませんよ。

他には、少しニッチかもしれませんが、建設業界です。工事現場の解体で発生するアスベストの有無について、ディープラーニングを用いて判定を行っています。

人間がその都度見るとなると、結構時間が取られるみたいですし、こちらも画像診断同様にミスが多いみたいです。アスベストは、顕微鏡で見ると結構明白に特徴があり、他にはあまり無いかたちらしく、その特徴を検知するシステムを扱うベンチャーを、弊社の顧問を務めてもらっている先生がやっていますね。

結局、ちょっとした工夫やアイディアが必要なんですよね。ディープラーニングは使いようなんですよ。もともと、人間の認識率が低かった分野の正答率を高めるのは得意です。でも、人間が見て98％か99％の正答率を誇る分野を、99・9％や99・99％にまで高める取り組みは、２０１８年現時点では難しいでしょう。**この特性を分かっていないまま、ビジネスに取り組もうとすると大火傷では済まない。「上がやれと言っているからやる」では絶対に上手くいかないです。**

「上手くいかなかった」はニュースにならない

今後ますますディープラーニングをビジネスに活用しようという流れは勢いを増してくるでしょう。

今はまだ「着手しました！」だけでも反響を呼びますが、残念ながら実現しなかったという結果もこの先どんどん出てくるはずです。３０００万もコストがかかったのに何もできませんでした、みたいな可能性もあります。

思ったようにいかなかった個別の理由はあるでしょうが、大前段として「そもそもディープラーニングでは無理だった」という理由が挙がることも珍しくありません。分かっている人から見たら「それ、別にディープラーニングじゃなくても良いのでは?・」という場合もあります。

本書を読まれている読者の方にも知ってほしいのですが、着手はニュースになりますけど、成功しなかった場合は、その後にニュースにはなりません。だから、実際は失敗したのに、世間的には成功していると思われているというギャップが生じてしまう。それが一番怖いです。

例えば、ディープラーニングを使った超最先端研究がメディアに取り上げられ、偶然にもＹａｈｏｏ！のトップニュースに出てしまったとしましょう。

専門家ならともかく、ほとんどの人はその超最先端研究が実用化して直ぐにでも私たちの社会に影響を及ぼすと受け止めるでしょう。もちろん、書き方の問題もあるかもしれません。そう受け止められた方がＰＶ数も増えますし、研究費も多くもらえる可能性がありますから。

しかし、実際に完成して社会で稼働しているのか、実験が成功したレベルで稼働はまだ先なのか、あるいは研究が始められたばかりなのか、それは見極める必要があります。

本来であればその役割はメディアにあります。**人工知能のことは分からないから、相手の言っていることをそのまま載せちゃう、といった姿勢はメディアとは言えません。単なる御**

用聞きです。

この先、人工知能はどのように進化するか、はどうすれば分かるのか？

田中さんのおっしゃることは分かります。全くその通りだと思います。

ですが多くのビジネスマンは、自分の業界のことは知っていても、人工知能で何ができるかまでは知らない人の方が多いでしょう。ですから「精度は劇的には上がらない」と言われても「えっ、じゃあどうしたらいいのだろう？」と思い悩むでしょう。

その内容を見極めろと言われても、そもそもの眼力を養えていないので、どんな報道も「へぇ、人工知能凄い！」「うわぁ、人工知能ヤバい！」という反応しか示せないと思うのです。

勉強しろよ、というツッコミは至極全うです。しかし、超多忙な日本のビジネスマンに果たしてそこまで時間的な余裕はあるでしょうか？　私は無いと思います。

今回、色々とお話を伺っていて、人工知能はこの先こうなるだろうから、今のうちに自分の業界でこういう取り組みをしておこう！　みたいな逆算が、田中さんは非常に上手いと思いました。

その理由の１つは、人工知能領域の昨今の動きを把握されているからだと思います。音声認識、自動運転車、医療、顔認証……様々な動向をよくキャッチアップされているなぁと思いました。

でも、それだけじゃないですよね。おそらく、人工知能が進化していく過程を体系立てる思考が確立されているからではないかと感じています。その思考は、例えばビジネスマンが自社に人工知能を導入する際にどのように進めればいいのかを考えるのに役立つのではないでしょうか。

どんな風に考えておられるのか教えていただけませんか？

ロボットで考える人工知能の進化

うーん、言葉にするのが難しい。そうですね……２つの見方をすれば良いと僕は思います。いわゆる複眼と呼ばれるような、違う観点から１つの事象を捉えるのです。

１つ目の観点は、技術の進化の具合についてです。これはロボットの進化を思い浮かべればいいと僕は思います。さっきも、家庭用お掃除ロボットの例を取り上げましたよね。

例えば、松屋や吉野家などのファストフード店での「接客」を、ロボットが99％ぐらいの精度で対応できるようになることで、人間が不要になるのはいつぐらい？　という例題を考えてみましょう。

僕はなんやかんやで、最低でも今から15年ぐらいかかると思っています。だから２０３０年代半ば頃になるでしょう。

それよりもっと前、たぶん10年ぐらいで各地にロボットの導入は完了するでしょう。ですが、人間のヘルプが必要になるようなロボットだと考えています。１人分の役割も果たしてない、でも半分ぐらいは役に立っているかな、みたいなロボットがワンクッション挟まれると僕は思うのです。

必要な技術は、大きく分けて、音声認識と動画解析の精度、さらに文脈理解。この3つは欠かせません。この人は飯を食べている、この人は手を招いて呼んでいる、それぞれがちゃんと認識できる状態までは5年ぐらいかかるのではないでしょうか。

ただし、この音声認識、動画解析、文脈理解、この3つは現在のディープラーニングを使った研究で、先端を走っている分野です。言い換えると事例も豊富で、ビジネスとして着手しようと思えば直ぐにでもやれます。

「やってみた」だけではビジネスとしての差別化要因にはもうなりません。大手企業であれ

ばすでに何らかのかたちで着手済みだと考えるべきです。

また、社会のニーズに万全に応えられるまでには15年くらいかかると見積もっていますが、部分的な領域であれば4～5年で完成するでしょう。あとは先ほどのお掃除ロボットの例と同じで、機能別に進化していって最後に統合されるでしょう。

ですから、さっき言ったように忖度はできませんが、目の前の人は何が欲しいのか、何を注文しているのか、何に関しての質問をしているのか、場合によっては「それは当店では取り扱っておりません。必要な場合は、こちらのボタンを押してスタッフに聞いてください」みたいな音声を流して、どこかの本部に電話を回すとか、**そこら辺が全て1つの接客ロボットでできるようになるのに、今から少なくとも10年はかかると思いますね。**

5年かけて部分的に完成して、5年かけて統合して、5年かけて人のヘルプを必要としなくなる。そんな流れではないでしょうか（図2－8）。

ビジネス領域の人からすると、「意外と残されている時間は少ないね」と思われるかもしれません。

別に、人間らしさを再現させる必要性はないじゃないですか。牛丼を作って、運んで、お金をもらってくれればいい。食べ終わった食器は食器洗い機にぶち込めば、勝手に洗浄してく

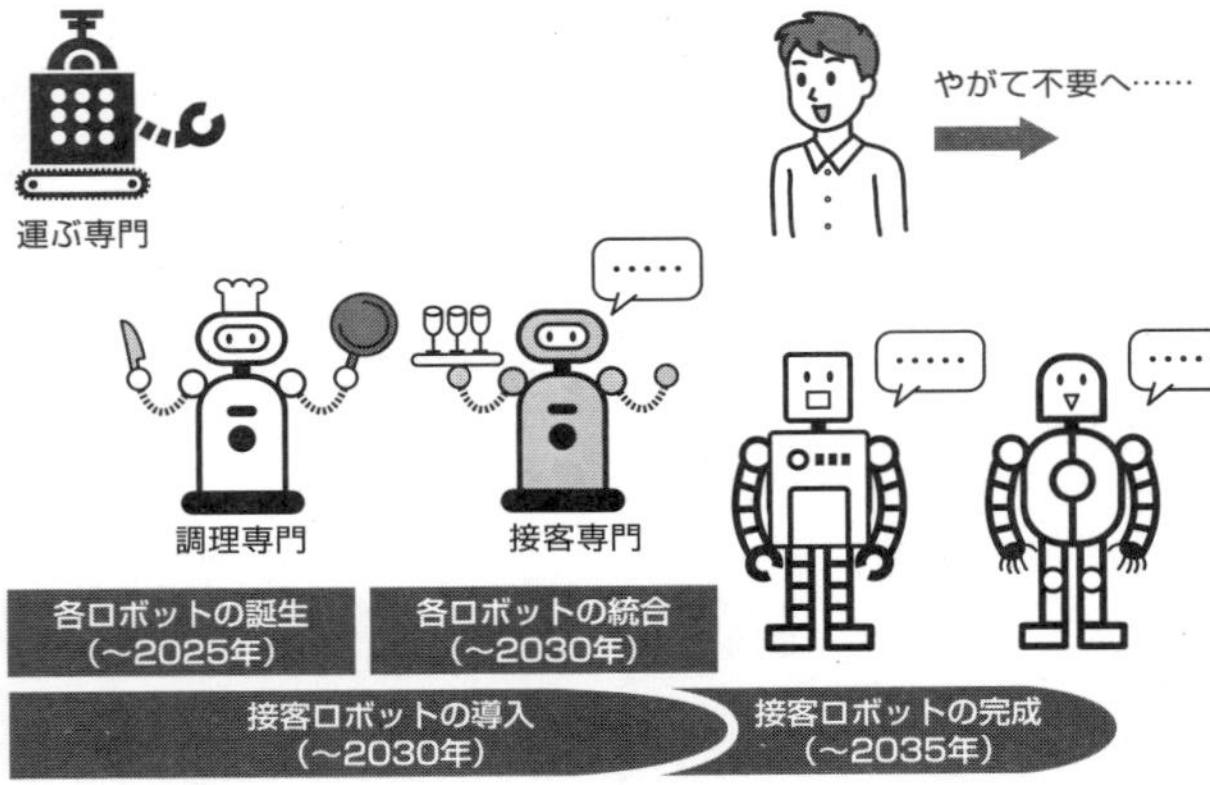

図2-8　接客ロボット進化と統合

れる。それぐらいはできるでしょう。

法律、規制、倫理で考える人工知能の進化

２つ目の観点は法律、規制、あるいは倫理などの、制限や制約です。先ほど紹介したロボットタクシーの例がもっとも分かりやすかったでしょう。

本格的にビジネスとして実現する、あるいは世間に浸透していくのは２０３０年以降ではないかと言いました。

なぜなら、人の命に関わるからです。身体に直接の危険が及ぶような領域に関しては、もっと時間がかかるのです。先ほどの「接客ロボット」は人の命に関わりません。だから、法律とか倫理とか、人工知能の開発以外の領域を何も気にしなくても良いのです。しかし、人の命を扱うとそうはいかない。

先ほど紹介したディープラーニングを使った医療画像診断は人の命に関わる可能性があります。しかし、あくまで人間の取りこぼしを拾ってくれるだけです。メインは人で、補助で人工知能が使われるからいいのです。それに身体に直接の危険が及ぶわけでもありません。プラスになるだけで、マイナスにはならないでしょう。

しかし自動運転となると、法律面や倫理面など現行法の規制や、車検や自動車保険など自動車向けサービスとの兼ね合いなど、色んな障壁があります。人間が補助で使おうにも、どうしても突発的な事故が起こる可能性があるからです。

自動運転車、あるいはロボットタクシーというのは、技術は完成しても、関連分野の整備が追いつかず、実現が難しい好例と言えるでしょう。

この先の10年を考えると、命に関わる分野よりもはるかに安全で、誤認識が起きたとしても人間が後からフォローできる分野での人工知能の開発と、世間への浸透が進んでいくでしょう。一方で、人の命に関わる分野に関しては政府主導で法律面の整備を推し進めなければ、なかなか浸透しないはずです。

しかし、両者の性質が異なるとどこまで認識されるか、僕は少し不安です。

ロボットタクシーや自動運転車のような命に関わる領域に適用されるのと同じような法律を、接客ロボットにも適用しようとしたら、あっという間に日本は世界から取り残されます。慎重すぎて周回遅れになってしまう。

逆に、接客ロボットのような命に関わらない領域と同じノリで、ロボットタクシーや自動運転車を開発したら、恐ろしくて誰もその車には乗りません。

この違いが分からないと危ないです。頓珍漢になっちゃう。

特に人工知能の場合、目に見えるものでは無いので分かりづらいかもしれません。**裏側に潜んでいる状態が5年ぐらい続いて、接客ロボットがみんなの目の前に出てきて、「あ、これが人工知能か」って初めて分かるようになるまで、違いは分からないかもしれないですね。**

モノじゃないサービスの代表例として、インターネットが爆発的に普及した時代を思い浮かべるといいでしょう。

１９９０年代後半にインターネットが普及し始めた頃、はっきり言ってパソコンはオタクの持ち物で、インターネットはオタクが遊ぶモノだと思っている人は多かったはずです。ご高齢の方の中には「何かよく分からない箱を使って遊んでいる」という認識を持たれた方も多かったのではないでしょうか。

ですが、2000年代に入って、ソフトバンクがADSLの大安売りをしかけました。街中で箱を持った若い兄ちゃん姉ちゃんが「ADSLいかがですか？」と大声を上げていた風景を30歳以上の人間は覚えているはずです。

中には「何だかよく分からないけど、インターネットを買いたい」と手を挙げるご高齢の方もいらっしゃったはずです。よくよく聞いてみるとインターネットに接続するためのパソコンを持っていないから、ADSL契約しても使えない、みたいな事例もあったみたいですよ（笑）。

人工知能についても、そういうポジティブな反応を期待したいです。何だかよく分からないけど、人工知能を使いたい。そう言われたいものです。現在は仕事が奪われるという根拠のない悲観論が多すぎます。

第3節　2030年代

人工知能を持つロボットは人間を凌駕するか？

次に2030年代へと話を進めていきましょう。今から10～20年後の世界です。

2020年代は現在の技術が産業に活かされていくと考えられます。ですがその先となると、いくつかの場面においては、現在分かっているディープラーニングの問題点や課題が解決された上で、産業に活かされていると考えるべきなのでしょう。

注目を集めるのは「生産性向上」です。

人工知能が浸透していくと、作業レベルで人工知能による代替が可能になるというのは田中さんの言われる通りかと思います。2030年代になると、作業レベルの人工知能の「統合」が始まるのではないかと考えています。

先ほど「接客ロボット」の例でも取り上げていましたが、2030年代の前半は人の手

図2‐9　ロボカップ日本委員会公式ホームページより
(http://www.robocup.or.jp/original/)

によるサポートを必要としながらも、2030年代半ばには人手のサポートすら不要になるのではないか？と田中さんはおっしゃっていました。

つまり、いよいよ人が不要になり始めるのが2030年代ではないでしょうか。だからこそ人間のみでは成し得なかった生産量の向上が見込まれると考えられています。

中でも注目を集めているのは、製造業・農業などの製造生産現場で活躍するロボットです。ロボットに人工知能が加われば、本当に人の代わりを務めるのではないでしょうか。

人工知能領域でもっとも先行してロボットとの親和性を高めているのがロボカップです（図2‐9）。

ロボカップとは、毎年7月頃に開催されている国際的なロボット競技大会です。ソニーの北野宏明さん、人工知能学会の松原仁先生らを中心に1992年に発足、1997年から毎年大会が開催されています。世界45カ国から約3000名の研究者が集まる、かなり大きな団体と言ってもいいでしょう。

西暦2050年までに、「サッカーの世界チャンピオンチームに勝てる、自律型ロボットのチームを作る」という標準問題を掲げています。

なぜ50年なのか。提唱者の1人である北野さんは「ライト兄弟が1903年に有人動力飛行に成功してから、ジェット旅客機が登場する1950年代まで約50年。1940年代前半に電子式コンピューターの開発が始まってから、IBMのディープ・ブルーが1997年にチェス・チャンピオンに勝つまで約50年。新しい技術が誕生して完全に実用化するまで50年はかかる」という理由で、2050年を期限に設定したようです。

実際のところ、チャンピオンチームに勝てるロボットを作るのが最終的な目的ではなく、その研究の過程で生まれる科学技術を社会に還元することを目的にしているようです。

言わば月面着陸という壮大な目標を掲げ、その過程で生み出される技術がその後の米国の産業の礎になるのを目指したアポロ計画のような、「グランドチャレンジ型」研究開発だと言えるでしょう。

図2-10　ロボットが荷物を運ぶ様子
(https://www.youtube.com/watch?v=lWsMdN7HMuA)

たぶん、ロボカップは日本発でもっとも盛り上がっている国際的な競技大会ではないでしょうか。田中さんはご存知ですか?

人の集まる「場」作りの重要さ

この大会に出場していたアルデバランロボティクス社をソフトバンクが買収して、そこからPepperが誕生しましたよね。もちろん知っていますよ。他にも、パッケージングから倉庫内の移動、発送まで全てを自動化したロボットシステムを開発したKIVA Systems社を2012年にAmazonが買収しました。そのロボットを施設に導入した様子がYouTubeに動画として上がっています。未来感が半端ないですよ(図2-10)。

やっぱり、ロボカップみたいな取り組みは絶対必要ですよね。なぜなら国際大会をキッカケにして何かしら人との接点が生まれますから。国際大会では研究者が一堂に会してロボカップで競い合うだけでなく、お互いの研究成果を発表し合っています。こうした「場所」作りから交流が生まれて、大きな発展につながっていくのでしょう。紹介した2つのM&Aも良い事例の1つです。

他にもこういう「場所」をどんどん作っていくべきですね。こういう「場所」作りの整備こそ政府は支援するべきです。大学院で2年かけて教えますとか悠長な話をしている場合じゃないですよ。

第1章では、人工知能がブロック崩しなどアタリ社のゲームを学習して、いつの間にか人間を凌駕するぐらいの実力を発揮するという例を紹介しました。人工知能を学習させて競い合うゲーム大会をゲームメーカー主催で開催したら、盛り上がりますよ、きっと。

例えば任天堂が『マリオカート』で世界中の人工知能開発者に宣戦布告したら、すごく面白いでしょう。任天堂を知らない人はいないじゃないですか。色んなエンジニアが参加すると思います。そこで得た知見は貴重ですよ。だって『マリオカート』で人工知能が人間を負かせられれば、そのまま自動運転技術に使えるじゃないですか（笑）。なんでやらないのでしょう？　不思議ですよね。

２０１７年1月に、Ｇｏｏｇｌｅが公開したＴｅｎｓｏｒＦｌｏｗ（１１０ページで前出）を活用して、マリオカートを自動運転する動画がＹｏｕＴｕｂｅに公開されて大きな話題を呼びました。開発者はマリオカート専用の自動運転人工知能ＴｅｎｓｏｒＫａｒｔまで開発する熱の入れようです。

将棋で言うとＰｏｎａｎｚａがありましたし、囲碁で言うとＤｅｅｐＺｅｎＧｏですよね。**ディープラーニングとゲームの相性って良いのです。なぜならゲームはルールが決まっているからです。ゲームのステージというか範囲も決まっている。データも揃っている。勝ち負けの基準もはっきりしている。最初の取っ掛かりとしては良いのです。**

「当たり前にできる」が一番凄い

ロボカップに関する映像は、ぜひネットで色々と検索してみてください。本書の読者は、驚かれるかもしれません。ガチでロボットですよ。

例えば、ロボカップ２０１６で開催されたアマゾン・ピッキング・チャレンジ（２０１７年はアマゾン・ロボティクス・チャレンジとして日本・名古屋で開催された）。技術の可能性だけでなく、改めて人間の凄さも痛感できます。

イベントを通して気付かされたのは、モノを掴むという行動の凄さです。当たり前だろ、と思われたかもしれません。でも、それが機械ではまだ難しいのです。もちろんモノを認識して、それを掴むってところはディープラーニングで学習させれば上手くできます。できますが、蓋を回したり、袋を開いたり、栓を閉めたり、要は開け閉めが結構難しい。ロボットの機能として「蓋を回す」という行動はできるのですが、加減して回して開ける、加減して回して閉めるのが難しい。

人間の力加減の再現は意外と高いハードルになっています。手先の再現となると、まだ15年以上のスパンで考えなきゃいけないでしょう。

人間は、脳が凄いのではありません。細かい手先の動きや、ちょっとした力加減、そういった「当たり前」だと思われていることが凄いのです。当たり前すぎて、我々が認識できていないだけです。

そもそもロボットの研究は、コンピューターのソフトウェアとハードウェア、ネットワーク、メカトロニクス、人工知能、様々な技術の結晶であり融合だと言われています。

ロボットの研究・開発にもっとも率先して取り組んでいるのはソフトバンクでしょう。2017年6月にはBostonDynamicsを買収しました。そして、この企業が開

図2-11　台の上から、くるっと回転するAtlas
（https://www.youtube.com/watch?v=fRj34o4hN4I）

発する「Ａｔｌａｓ」と呼ばれるロボットがバク宙する動画が公開されて、大きな話題を呼びました（図２-11）。

Ｐｅｐｐｅｒでは接客業、このＡｔｌａｓでは警備や建築などの「脚」、つまり機動力が求められる分野での導入が進むでしょう。ソフトバンクはロボット産業の先行者利益を確保できる一番手にいます。

実際に研究が進んで、様々なコンテストが行われるようになり、一部は実用されるようになって、人間が無意識に行っている様々な力の「加減具合」は、再現するのに時間がかかることが分かってきました。お菓子の袋を開ける力加減と、瓶の蓋を開け閉めする力加減は違いますよね？　この按配を人間は一瞬にして理解しているのです。しかし、機械にはまだ再現できません。

言い換えると、微妙な力加減のような「人間自体の再現」を必要としない領域では、ロボットが浸透していくのです。良い力加減は不要だけど監視の目や接客の声が必要な場面は、ロボットで十分です。

そうなると2020年代はロボット産業が面白いと思いますね。おそらく10年くらいかけて人工知能とロボットの融和が起き始めて、2030年代後半には巨大産業化していくのではないでしょうか。

さて、そのとき気になるのは、ロボット導入の費用感です。Ｐｅｐｐｅｒもそうでしたけど、結構良いお値段がしましたよね。だから「ロボットは高いから、それぐらいなら人間のままでいいわ」と考える人もいるでしょう。コスト面で不安だという声もあるようです。

しかし加減や按配の再現まで可能になると、多様な使い道が出てきます。大企業は率先して導入しようとするでしょう。そうなると、ロボットパーツも作れば作るだけコストが下がっていく。だから、費用感は今よりかなり下がると思いますよ。

それでも初期コストが高いと思うなら、月賦で提供しますという企業なんていくらでも登場するはずです。ビジネスチャンスがあれば、金の問題なんて大半は解決できます（図２-12）。

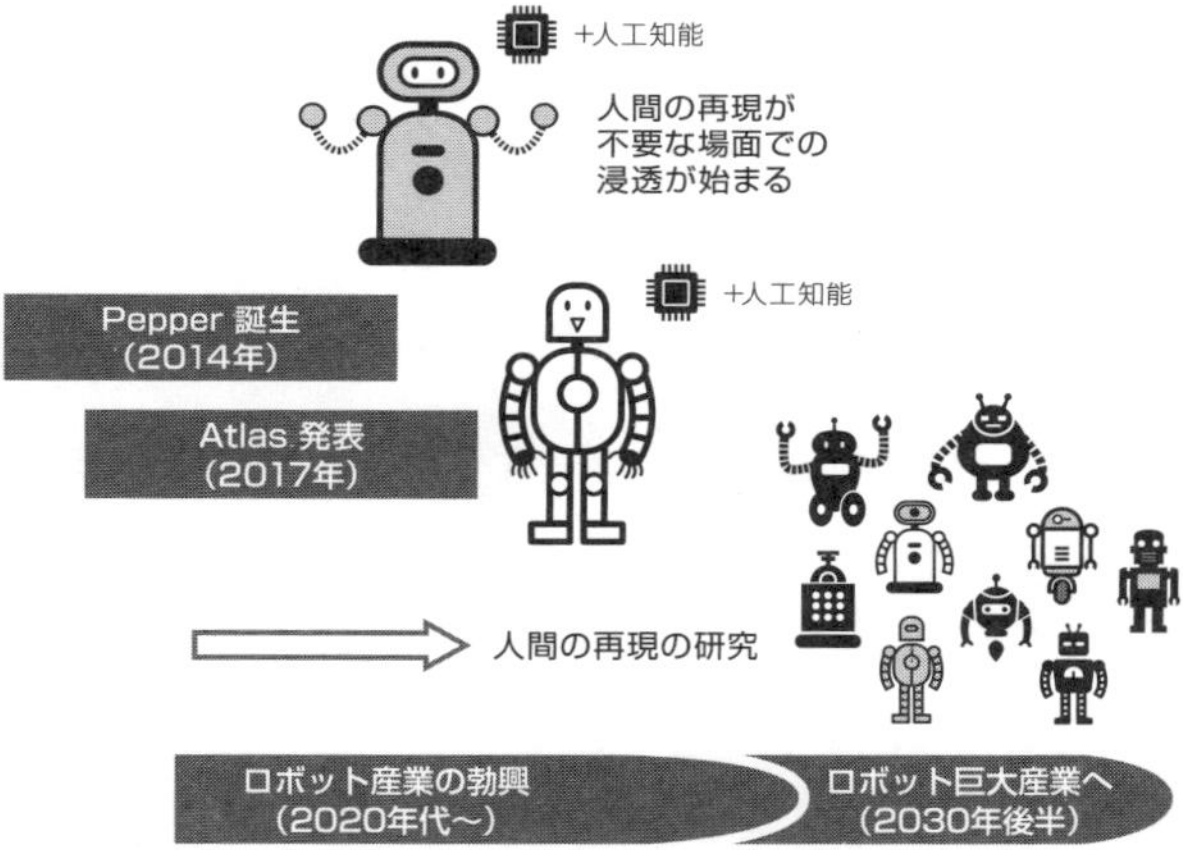

図2-12　ロボット産業の勃興における時間軸の流れ

人工知能は教育を変えるか？

次に教育の分野はどうでしょうか。教育の生産性向上、つまり人工知能を活用すればもっと効率良く効果的に人を教えられるのではないか？　という発想です。

実は私、高校生の途中で数学を挫折した人間なのです。1年間を通して、少しずつ色んな科目を進めていくのが今の教育スタイルですよね。この進め方だと「あ、これ分からへんわ」と頭がこんがらがっても、先生は僕に合わせて教えてくれるわけではありません。自分で勉強しないといけない。

最初のうちは復習していたのですが、そのうち復習している内容自体が正解かどうか分からなくなってきました。先生に聞きに行ったりもしたのですが、「そこまでして勉強する意味って何なん?」という疑問が湧いてきて、途中で挫折してしまいました。

最近、そのことを凄く後悔しています。人工知能に欠かせない数学レベルって最低でも数ⅢCなのは分かっていて、その素養が無いから、いかんせん学術書が読めない。統計学や人工知能のプログラミングはできるのですが、基礎ができていないから、論文が書けるほどでは無い。

だから今、リクルートが提供しているスタディサプリという勉強のためのアプリで、数学を勉強しています。このアプリがすごく良くて、録画映像が配信されているので、聞き逃したところや理解ができていないところを繰り返し何回も見られるのです。

視聴者が早送りしている、何度も繰り返して見ている。こうした記録はリクルートの社内にどんどん蓄積されていきます。すると「このあたりは皆、分からないみたいだよ。もう少し詳しい解説が必要じゃない?」という分析につながりそうです。

もし、2030年代の教科書がデジタル教科書になれば、そういうデータが蓄積されて「あなたはここで悩んでいるみたいだけど、この節を読むと理解できるかもしれない」「1年前の数学ⅠAのこの節を読み直してみよう」というような、1人1人に合わせた学習テキストが完成する可能性はあるなと感じました。

こうした人に合わせた学習指導を代表例として取り上げましたが、１人１人にカスタマイズされたサービスも、今後は人工知能の活用により進んでいくのではないでしょうか。

人工知能に教えられる、という違和感への反発

松本さん、今また高校数学の勉強を始めておられるのですか？　凄いですね。そのモチベーションの源泉がどこにあるのかは気になりますね。

質問に対する回答ですが、内容を伺う限りは単なるレコメンド機能のようにも聞こえます。Ａｍａｚｏｎのような ＥＣサイトでは「この商品を買った人は、この商品も買っています」という商品紹介をしてくれますよね。あのような機能をレコメンドと呼びます。

松本さんのイメージしている１人１人に合わせた教科書って、要は「この授業で悩んでいる人は、この授業を見直すといいでしょう」という案内ができる教科書ということですよね。それは別にディープラーニングじゃなくても実現する機能にも思えるので、僕からしたら「人工知能って言いたいだけでしょ?」と突っ込みたくなるなぁ。

さすがに２０３０年代には無いでしょうが、別にディープラーニングを使わなくても良い

のに、人工知能と言いたいがために、わざわざ取り入れて逆に精度が出ないという話はよくあります。精度を高めるのが目的ですから、ディープラーニングは手段だと考えても良いのではないでしょうか。

別の論点にもなりますが、特定の科目を先生の代わりに人工知能が教えるとなると、特定の層からの反発を招く可能性もありますよね。人が人工知能に教えられるなんてディストピアだ！　みたいな声は出るかもしれません。

先生の負担を減らすために人工知能を開発するなら、教育以外に焦点をあてた方が良いでしょうね。２０１８年現時点では、誰もが人工知能に対してウェルカムな姿勢ではありません。**大きなハレーションを起こしそうな分野を選んでしまうと、研究開発ではなく説明に時間を費やしてしまう可能性があります。**

東ロボくんが越えられなかった壁

教育に関して言えば、「教える」という分野より「学ぶ」という分野の方でいくつかの進展がありました。その代表例が「ロボットは東大に入れるか?」というグランドチャレンジです。通称「東ロボくん」と呼ばれる人工知能が開発されていました。

なぜ過去形で表現したかと言うと、２０１６年に残念ながら東大進学を断念したからです。その理由として、東ロボくんは国語、数学ができないのです。パターン認識は得意なのですが、論理的に考えたり、物事を推論したりすることはできない。要は第１章でまだ未来の技術として説明した「ディダクション」の壁を乗り越えられませんでした。

全く同じ理由で、数学や理科系の文章問題を読み解くのを苦手としています。報道では数学や理科系の科目の偏差値は高いと言われていますが、それは事前に、問題文に人間の手を加えているからです。センター試験は数式だけの問題が多いので、東ロボくんには優位に働きますが、本試験は文章題が多いですから、いつも通りの実力発揮とは言えないでしょう。むしろ苦手な部類に入るかもしれない。

まぁ、そのおかげで読解力とは推論と理由付けの塊だというのが分かったので、この研究から、それこそ「ディダクション」のための技術が出てこないかと期待しています。

東ロボくんが越えられなかった壁として、公開されている具体例はかなり示唆に富んでいます。その１つが、センター試験の模試で東ロボくんが間違った問題です。

「暑いのに歩いたの？」

「はい。のどが渇いた。だから……」

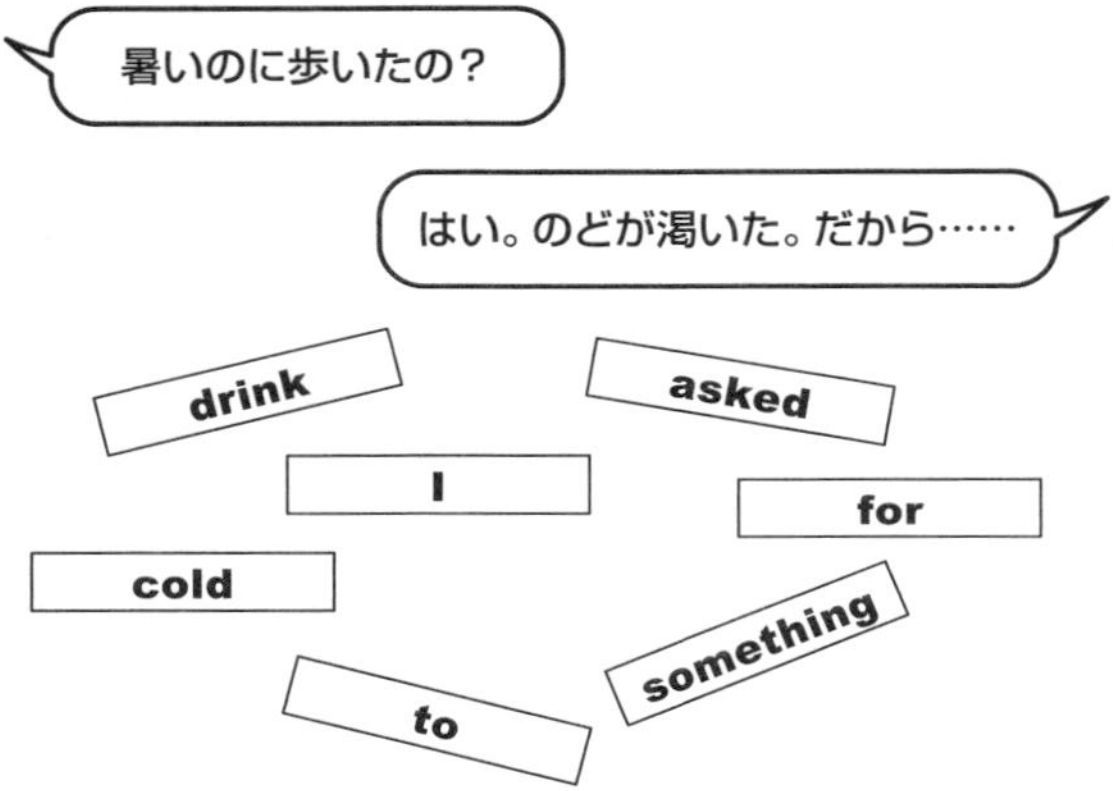

図2-13　英単語を並べ替えて、だから……に続く文章を作成する

というやり取りに続く文章を、cold、drinkなど7つの英単語を並び替えて、解答します（図2‐13）。

文章の流れから、人間であれば「暑いから、何か冷たいモノを飲みたいだろう」と状況を理解します。そして「冷たいモノが飲みたい（I asked for something cold to drink）」と答えるでしょう。

しかし東ロボくんは「寒いので何か飲みたい（cold I asked for something to drink）」と解答しました。

東ロボくんはインターネット上の膨大なテキストデータ含め、様々な文章を収集しています。さらに会話に含まれる単語から感情を分析して、自然な会話になるような選択をする仕組みを採用していました。それはそれで良いのですが、読解力を必要とする試験問題ではブレイクスルーを起こせませんでした。前後の文脈の意味を読み取る、という能力に欠けていたのですね。

いや、それがあったとしても暑いから冷たい飲み物が欲しいという常識が無かった。**東ロボくんには「暑いときに何が飲みたいのか」という人間の常識は入っていないので、そうした社会常識も教える必要があります。いかに人間が知らず知らずのうちに様々な事象を学習しているかが分かりますね。**

「常識」とは社会経験の積み重ねだったのです。住む国が違えば「常識」が違う理由も、社会が違うからだと言えます。

東ロボくんは失敗だったのかと言うと、そんなことないですよ。できないことがあるのが分かったというのは、研究成果として一流です。一番ダメなのは、結論も出ていないのに、やれそうという期待感だけで尻すぼみに終わる研究です。

グランドチャレンジから次にやってくる人工知能が見えてくる

大きな目標を決めて、そこに邁進していくグランドチャレンジ型の研究開発って、人工知能の領域にかかわらず昔から行われていますよね。

先ほど松本さんも少し触れましたが、1960年初めにアメリカが「人類を月面に送り込んで安全に帰還させる」という目標を立てて、1969年には無事にアポロ11号が月に着陸しました。

アポロ計画で僕らの生活が向上したのかと問われれば、直接的には関係ありません。けれど、その研究過程で生まれた技術の萌芽は確実に僕らの生活を豊かにしてくれるだろうという目算があって、こうした難易度の極めて高い大目標が課されたわけです。

これまでゲームの領域ではチェス、将棋、囲碁で、グランドチャレンジとして「世界最強のチャンピオンに勝利すること」が目標として掲げられてきました。2018年現時点でそれらの目標は全て達成されています。もちろんディープラーニングは、これらとは全く別筋から誕生した技術ではありますが、グランドチャレンジがあったからこそ導入、発展、進化が上手くいったとも言えるでしょう。

前の節で、人工知能がこの先どうなるか分からないから、自社としての戦略を描けない人もいると松本さんがおっしゃっていましたよね。２つの見方とか回りくどい説明をしたかもしれません。**手っ取り早いのはグランドチャレンジを見ることです。良い意味でのカンニングペーパーみたいなものです。**

グランドチャレンジの状況を見ていれば、今から10～20年先に必要な技術や人工知能の向かうべき方向性が見えてきますよ。

現在注目しているグランドチャレンジは、ロボカップの提唱者でもあったソニーの北野さんが取り組まれている「２０５０年までにノーベル賞級の科学的発見を行うＡＩシステムを開発する」というプロジェクトです。ノーベル賞の中でも医学・生理学賞をターゲットにしているみたいですね。

このグランドチャレンジが面白いのは、「知識の発見」を自ら生み出す人工知能を開発しようとしている点です。つまり発見というプロセスやイノベーション自体を人工知能によって開発するのです。

研究を推進する上で、全てのデータが手元にあるわけではありません。研究のためには全方位でデータを取らないといけないので、その中にはノイズや誤りも含まれているでしょう。もちろん、これが正解だという答えらしい答えも最初から示されていませんから、誤りかどうかも分かりません。

あまりにもハードルが高すぎますし、ディダクションのような技術があったとしても解決する問題ではありません。どちらかと言うと、人間の思考そのものを模倣しようとしている点では、脳そのものを作ろうとしているのではないか？　とも思います。

人間だって、少ないデータで、その中にノイズや誤りが入っていたとしても、色んな仮説を立てながら「こうじゃないか？」と検証を進めますよね。それと同じことを人工知能で実現させようとしているのではないでしょうか。

グランドチャレンジに成功するかどうかはまだ分かりませんが、２０３０年代には医療分野でいくつかの功績を残しているのは間違いありませんね。

２０３０年でも人工知能が浸透しない業界はあるか？

第１章で紹介した通り、現在のディープラーニングを用いた人工知能には大きなデメリットがあります。なぜそういう答えが出てきたのかが、説明できない点です。人工知能がある画像を見て、なぜ「猫」と答えたかが分からない。その選択の過程は、ブラックボックスです。

だから説明責任が問われる領域ではディープラーニングは浸透しないだろう、というのがこれまで話してきた内容でした。田中さんが紹介されたディダクション（演繹法）と呼ばれるような、理由を推察できる可能性がある第4次人工知能ブームに期待するしかありません。

先ほど田中さんはディダクションの技術は2030年代とおっしゃいました。ということは2030年代になっても、人工知能の導入が進まない業界があるのではないでしょうか。

もう1つ質問です。ディダクションの技術についてですが、日本発で発明される可能性はあるでしょうか。先ほどの「東ロボくん」の話をお伺いしていると、意外と可能性はあるのではないかと感じました。

人工知能の導入が進まない業界とは

ディープラーニングが浸透しやすい業界、しにくい業界はあるでしょうね。

誤ってガンじゃないのにガンだと診断してしまった、逆に誤ってガンがあるのにガンを見落としてしまった、でもなぜ誤ったのかが分からない。人工知能の言う通りにしたら命を落としてしまいました、では遺族は納得しないでしょう。

ディープラーニングは基本的には入力と出力だけですから、その途中がブラックボックスで、仮に誤認識が起きても「これが理由で故障していました」と原因を特定して直せません。つまり再現性が無いのです。**説明責任を果たせない分野に、ディープラーニングは浸透しないでしょう。**

その意味では、マーケティング業界は浸透しにくいのではないでしょうか。特にプランニングの領域では、人間頼りになると思います。それは、人間にしかクリエイティビティが発揮できない、という意味ではありません。クリエイティブの製作自体は人工知能でも可能です。問題はそこではありません。

松本さんはマーケティング業界の方ですよね。マーケティングは、カスタマージャーニーと呼ばれる、顧客の行動、思考、感情などのプロセスを可視化して、いかにユーザーが製品と接するかを気にしていますよね。要は、マーケティングはストーリー作りを大切にしていると僕は思っています。

したがって、広告を出稿するにしても、クリエイティブを製作するにしても、なぜそうなるのか？　という理由が結構大事ですよね。ディープラーニングの出した結果がデータとして正しかったとしても、論理的でなければマーケターは違和感を覚えるでしょう。

つまり、人工知能を導入したとしても、利用者の「なぜそうなるのか？」に答えられない業界は、導入はあっても浸透はしないのではないでしょうか。あるいは、判断は人間がするけど、補助として「こういう見方もありますよ」というセカンドオピニオン的扱いに留まるでしょう。

人間って、意外と理屈っぽいですから。自分が行動を起こすときに、理由も無く何かをすることを躊躇《ためら》う人が多いのです。何らかの理由が欲しい。自分の背中を押してくれる言葉を探しています。

それが、朝の情報番組に占いコーナーが多い理由です。かに座の人が「かに座が１位」って言われたら、ハッピーだからランチでラッキーアイテムのデザートを食べるし、「かに座が12位」って言われても、厄除けのために、やはりランチでデザートを食べる（笑）。

結局は自分の行動に対して、言い訳できる理由が欲しいのです。よく当たる占いは、本当に当たっているのではなく、自分から当たるような行動を取っているだけではないでしょうか。

だから、命に関わるような重大なリスクのある分野以外では、人工知能を導入していても、

そのことを隠そうとするかもしれません。人工知能がなぜその答えを出したか、理由を説明できないからです。あるいは、嘘じゃないけど本当でもない、上辺だけを取り繕った説明で済ませようとする場合もあるかもしれません。だって機械の言う通りに行動して失敗しても、機械のせいにできないじゃないですか。

つまり、人間が「説明役」を補う期間はしばらく続くのです。それを人工知能の言いなりになっていると見るか、機械と人間の橋渡しをしていると見るかは、人によるでしょうね。

ディープラーニング自体の開発が遅れている日本

次に「ディダクション」のような技術が日本発で誕生するかどうかですが、ちょっと厳しいでしょう。日本は人工知能の開発、ディープラーニングの活用で米国や中国に周回遅れの状況です。ここから巻き返せるイメージは湧きません。

第1章で紹介したＹＯＬＯもそうですが、学習済みデータとモデルがすでにできあがっている画像認識のオープンソースが今や当たり前です。ディープラーニングで画像認識をしようにも、最初にバスやトラックの画像を何万枚も用意して学習させてから使うことはありません。すでに用意済みのものを使います。

画像も動画も大量にデータを持っている企業はそんなにありませんから、モデルをそもそも簡単に作れません。学習されていないディープラーニングを公開したところで、利用者からは「これ、どうやって使うのですか？」という反応しかないでしょう。

つまり大量のデータを集めて、それをもとにモデルを作成できて、なおかつオープンソースで公開できる企業は、この先めちゃくちゃ強いでしょうね。それができるパワーと、時間と、人が集まっているわけですからね。

２０１８年現時点で、そうした会社はＦａｃｅｂｏｏｋやＧｏｏｇｌｅなど海外勢が占め、日本国内では唯一、Ｃｈａｉｎｅｒというディープラーニングのオープンソースを開発したＰｒｅｆｅｒｒｅｄ　Ｎｅｔｗｏｒｋｓぐらいでしょうか（１２９ページで前出）。**あまり知られていませんが、ディープラーニングの開発では、日本はかなり遅れているのです。**

国内では人工知能の研究所の立ち上げが相次いでいますが、ほとんどＰｒｅｆｅｒｒｅｄ　ＮｅｔｗｏｒｋｓがＣｈａｉｎｅｒや、Ｇｏｏｇｌｅが公開しているＴｅｎｓｏｒＦｌｏｗを使って、社内にあるデータで何か面白いことをやろう！　というスタンスが多いですよね。

それ自体が悪いという話ではありません。２０１８年現時点で棲み分けが始まっていると

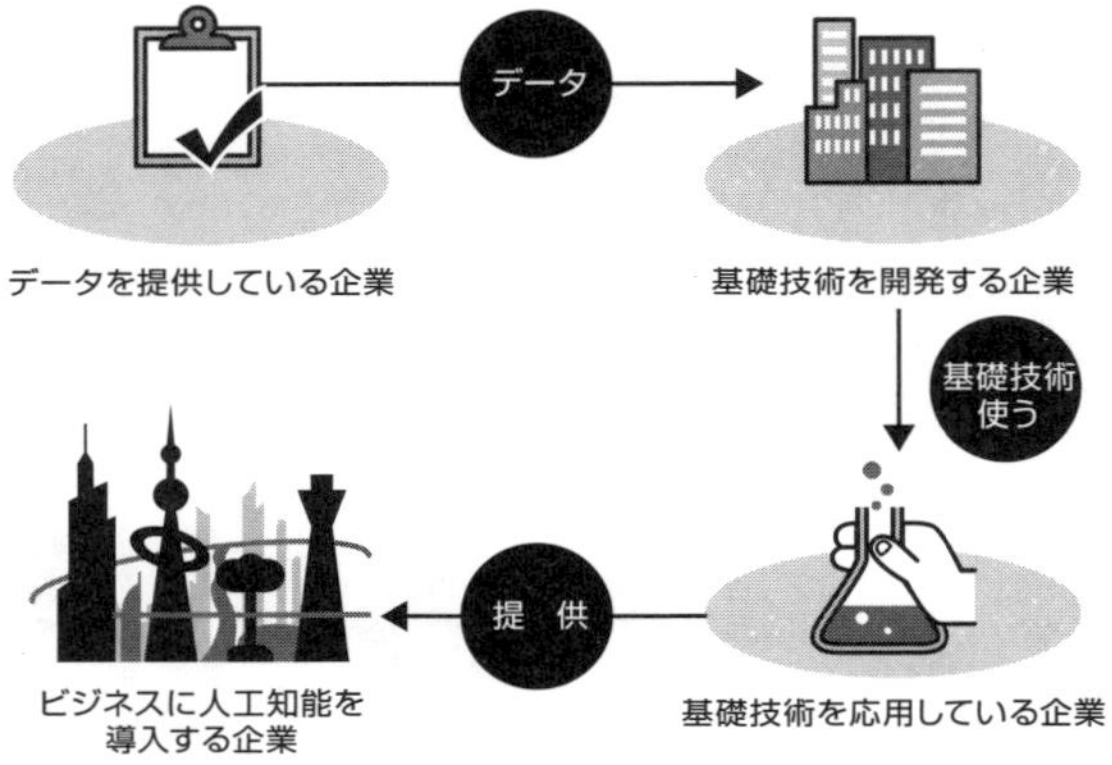

図2-14　人工知能開発における役割分担が始まっている

いう話です。言い換えると、ほとんどの企業には基礎技術を開発するほどの体力もデータも無いのです。

基礎技術を開発する企業、彼らにデータを提供する企業、僕や松本さんのような基礎技術を応用している企業、そしてその企業の協力を得ながらビジネスをする企業、この棲み分けは人工知能が社会に浸透するほど、ますます進んでいくでしょう（図2-14）。

問題は基礎技術を提供する企業がほとんど日本発では無いので、画像認識であれば日本由来のモノの認識が難しかったり、そもそも認識しなかったり、我々が使うにあたって少し加工が必要になる可能性があります。

例えば香川県のツヤ・コシ抜群の釜玉うど

んを画像認識させてみると、カルボナーラだと誤認識するかもしれません。その画像認識のオープンソース開発元が、釜玉うどんを知らないからです。まぁ、生クリームとベーコン以外は、素材はほぼ一緒ですけどね（笑）。

今のままディープラーニング開発の競争に負け続けていると、その先に待ち構えるのは日本という存在が無い人工知能の世界です。今がまさにそうですよね。ＰＣもスマートフォンもＯＳはアメリカ発、検索エンジンはＧｏｏｇｌｅ、ソーシャルネットワークであればＦａｃｅｂｏｏｋ。日本企業の名前はほとんど聞かなくなりました。全てアメリカの後塵を拝しているわけです。

日本ってものづくり大国なんじゃなかったの？　という感じですね。**基礎技術はあらゆる技術の根幹です。このリスクに誰も危機感を覚えていませんよね。**

結局、なぜこのままだと日本が負けるかと言えば「データ」です。データがディープラーニングの礎を作るからです。これから先、データを集めようという流れは加速していくでしょう。

モデルを作ろうとする企業は、今後ますますデータを求めるでしょう。アジア人のデータを欲するためにアジアへ進出する企業が登場するでしょうし、そのために製品開発すらするかもしれません。最近で言えばスマートスピーカーの開発が良い事例です。音声のリアルデータを集めるために、スマートスピーカーを開発したのです。

それだけでは足りないでしょうから、自社で収集したデータを売ろうとする企業が出てくるでしょう。その企業からデータを買って、モデルを強化して、人工知能の精度を上げていく。こうしたエコシステムに日本はどこまで食い込めるでしょうか。少なくとも海外の大手企業が何千億円かけて投資している中で、聞こえてくる企業名はトヨタぐらいですね。

恐ろしいのは、海外企業製の人工知能が採択されると、根こそぎデータが海外に流出して国内に残らない点です。**人工知能にデータは不可欠ですから、そのデータが国外に流出してしまうと、ますます人工知能が作れなくなる。負ければ負けるほど、勝つことが難しくなる。**これは人工知能開発でもっとも恐れられている敗退シナリオです。

ブロックチェーンと人工知能の相性は良い?

では、このまま日本は負けたままなのか。何か一発逆転のチャンスは無いのか。

実はあります。その可能性を秘めているのがビットコインで用いられるブロックチェーンと呼ばれる技術です。

繰り返しになりますが、人工知能で重要になってくるのがデータです。データがあればあるほど精度を高められるからです。ＦａｃｅｂｏｏｋやＧｏｏｇｌｅのような個人のデータを大量に保有しているところが研究をガッツリできるのも、データがあるからです。

では、そのデータをどこにどうやって管理するのがいいでしょうか。僕はブロックチェーンと呼ばれる分散型ネットワークが適していると考えています。

２０１８年現時点ではＦｉｎｔｅｃｈとブロックチェーンは同義だと思われています。ビットコインと呼ばれる仮想通貨と一緒に聞いた記憶がある人もいるでしょう。実際、ブロックチェーンはビットコインの核心的技術とも呼ばれています。

実は、ブロックチェーンと人工知能との相性もかなり良いのです。これから先、おそらくブロックチェーンが人工知能のデータベースになっていくでしょう。

そもそもブロックチェーンとは、取引の履歴をまとめた台帳をチェーン（鎖）のように束ねて、一箇所にまとめて管理せず、分散して管理する仕組みです。鎖のように履歴を束ねてその都度、暗号化しているので改ざんがほぼ不可能と言われています。つまり、めちゃくちゃセキュリティがしっかりしているのです。

かつデータ自体も分散しているので、システム障害にも強いと言われています。一度記録

すると変更することもできません。

したがって信頼性が極めて高く、ビットコインのような金融取引に用いられているのです。ブロックチェーンの性質上、プライバシーや個人情報など「1箇所に集めたら危ないデータの管理」にも向いていると思います。

例えば、1箇所にまとめると個人の特定につながってしまう氏名、住所、ネット上での購買履歴、趣味嗜好、ウェブページの閲覧履歴などのデータについて考えてみてください。ブロックチェーンを使えば、分散したままの個人のデータをA社、B社、C社と、違う企業同士で使えるようになるのは大きなメリットだと僕は思います。

また、データの改ざんができない仕組みですから、セキュリティ対策もしっかりしていると言えます。

人工知能時代のデータの管理は、一元化するのではなく、分散させる。その流れと言うのは、必ず来ると僕は思っています。

現在、ブロックチェーン技術は日本が先端グループにいます。新しい暗号技術を開発できれば、ブロックチェーン技術は日本がモノにするでしょう。そうなると、日本の技術無しには、人工知能に欠かせないデータの管理が難しいという世界が生まれるかもしれません。

一発逆転の狙い目はそこでしょうね。

第4節　2045年以降

シンギュラリティが訪れて私たちの仕事を奪うのか？

いよいよ最後の節です。

2045年以降としましたが、これはシンギュラリティが訪れると言われている年です。「2045」という数字が人工知能でシンボルのように語られているので、ここで1つの区切りとしてみました。

田中さんの言葉を借りれば「ほとんどの職業が人工知能に奪われてしまった後」になります。2045年以降となるとほとんどの職場に人工知能が導入されているでしょう。どこかの領域に焦点を絞って、人工知能はどのように進化しているかとお伺いするのは難しいですね。

ですので、この節では、「作業」を任せるだけだった人工知能が、どの時点でそうした作業を統合できて「仕事」そのものを奪うようになるかをお伺いしたいです。

　何がキッカケになるのでしょうか。やはりシンギュラリティが訪れて、やがて人間の知能をはるかに上回る強い人工知能が誕生するからでしょうか？

人工知能とチャットボット

「作業」から「仕事」への代替のキッカケを作るのは、強い人工知能でしょう。でも、順番が逆なのです。**シンギュラリティが訪れる前に、強い人工知能が誕生します。シンギュラリティはその後です。言い換えると、強い人工知能が誕生するから、シンギュラリティへと一気に近付くのです。多くの人が逆のことを言っていますよね。それは「強い人工知能」を誤解しているからです。**

　そのことを痛感したのは、チャットボットと呼ばれる、文字や音声を通じて会話を自動的に行うプログラムを開発していたときでした。

　その前に、チャットボットに関して触れておきましょうか。２０１６年はチャットボット元年と言われ、様々な製品がリリースされました。しかし、ちょっとした話題を提供したぐらいで、大きな成果を上げたとは言えません。

例えば、2017年8月、横浜市が提供する「ごみ分別案内ボット」のイーオくんが話題になりましたよね。イーオくんに捨てたいゴミの種類を伝えると、分別方法を教えてくれるのです。

イーオくんに、例えば「旦那」と言うと、『『人間は判断力の欠如によって結婚し、忍耐力の欠如によって離婚し、記憶力の欠如によって再婚する』ってアルマン・サラクルーは言っていたよ。忍耐力を鍛えてみたら、どうかな」と返してきます。的確すぎるチャットボットとして話題になりました。

けれどもこれは、「もしも○○なら××」というように、前提と結果のルールを網羅する仕組みをシステム化しているだけです。要は機械の手を借りて上手いことを言っているだけなのです。この仕組みを、ルールベースと言います。ルールベースの技術は、第2次人工知能ブームで使われた技術の1つです。

2018年現時点のチャットボットは、事前に決めておいた内容を返してくるだけです。会話をしているのではなく、事前に用意しておいた回答を、質問に応じて返しているだけです。つまり、膨大なQA集みたいなものだと考えればいいでしょう。

ディープラーニングが登場して以降は、事前に用意しておいた回答に加えて、ネット上の膨大なテキストデータを解析し、人間が入力した文章に対して、もっとも適切だと思しき一文を返せるようになりました。つまり、膨大なＱＡ集を作成する作業量が少し減りました。

あるいは、ユーザーとの対話を通じて、文章と返答の内容を理解しようとする実験も行われました。それが２０１６年３月にＭｉｃｒｏｓｏｆｔが開発した人工知能「Ｔａｙ」です。会話理解研究のために試験的にリリースされたのですが、不適切な発言を連発したため開始から16時間後にサービス停止となりました。

人工知能のプログラム上に品質面の問題があって、一部のユーザーによって差別主義者に仕立て上げられてしまったのですね。

そうした不具合を修正した上で、同年12月には「Ｚｏ．ａｉ」を発表しました。今のところは暴走したという話は出ていませんので、プログラムを上手い具合に修正したのでしょう。

チャットボットは人工知能ならぬ人工無脳？

チャットボットはバカな応対を繰り返すので、昔から「人工無脳」と言われています。これは、日本独自の文化かもしれませんね。それぐらい、日本語の文章は解析が難しいという証かもしれません。

例えば、日本語には「掛詞」という1つの言葉に2つ以上の意味を持たせる言葉遊びがあります。チャットボットに「だからはげます」と言ったとしましょう。この一文だけでは「励ます」なのか「禿げます」なのか分かりません。一文前か二文前の文脈を理解する必要があります。

チャットボットは会話をしているわけではなく、人間の書いた文章に合致する回答を用意しているだけなので、落ち込んでいる人を励ましたいと言っているのに「まだ髪の毛フサフサですよ!」と返す場合があります。会話が成り立っていないのです。だから「無脳」と呼ばれます。

ディープラーニングが導入されてから、少し前の文章まで遡《さかのぼ》って読み込んで流れを意識するようにはしていますが、今はまだ、ちょっと賢い無脳ですね(笑)。開発者は、その「ちょっと賢い」のをいかに作るかに苦心しています。

対話をしていくと、全然話が噛み合っていないパターンが生まれます。そういうとき、相手からの返答ってある程度パターンが決まっています。その返答がネガティブかポジティブかの判定をして「良い対話」の流れが生まれるよう、できるだけ相手に良い返答をするようにプログラムを組んでいます。

　でも、それもやっぱりルールベースからそんなに大きくは逸れていません。結局は膨大なＱＡ集作りという基本に立ち返らなければいけないのです。

　ディープラーニングが誕生して以降、チャットボットも進化して「あたかも人が対応しているかのごとく対話できますよね？」と質問を受けることもありますが、全くそんなことはありません。

　実際のところは、ルールベースという昔からの技術があって、ディープラーニングで精度が上がっているだけです。それでもまだ応答の精度、正解率は試験環境で７割ぐらいです。これが実導入となると、正答率６割を切ると僕は思います。

　例えば「コーヒー」という単語１つにしても色んな呼び方があります。こーひー、コーヒー、珈琲、Ｃｏｆｆｅｅ、それ以外にアメリカン、ブレンドも考えられます。関西では、アイスコーヒーを「レイコー」「レーコー」とも言います。

　相手が「コーヒー」だと思っていても、表現される言葉は「コーヒー」とは限りません。だから実運用では精度が試験環境より落ちるのです。用意していたＱＡ集に合致するキーワードには限りがあるからです。

　でも、今はそこが限界でしょう。それ以上は小手先で対応するのではなく、人間そのものを理解するしかない。そのためには膨大な時間がかかります。だから顧客には、先ほどのイーオくんのような事例を紹介して、宣伝や広告のためというように、回答の精度以外の部分で味付けしていくような使い方しかできませんよ、と伝えています。人間のようにスパスパ何でも答えるなんて無理ですね。

ＭｉｃｒｏｓｏｆｔがＬＩＮＥで公開している「ＡＩりんな」は、まるで人間のように雑談ができているように見えていますが、コミュニケーションがキチンと取れている範囲は、実は狭いのです。

雑談できていると感じるのは、話を逸らす技術が上手いからです。ちょっと分からないと話を上手く逸らす、あるいは曖昧な返事をする。そういう返し方が得意です。

できる内容、できない内容を明確にして、使える範囲で使うというのがチャットボットの現状でしょう。人間の代わりに対話をこなすというのはちょっと難しいのではないでしょうか。

なぜチャットボットは対話ができないのか？

人間の話す「言葉」には、ものすごい数の「意味」が含まれています。人と人との会話は、言葉が持っている「意味」を理解することで成り立ちます。2018年現時点のディープラーニングの技術は「意味」理解には程遠いですね。だから対話が続かないのです。

例えば「缶コーヒー」という言葉は、コーヒーそのもの以外に、様々な意味を持っています。「男性っぽさ」とか「安らぎ」なんかもそうですね。それは辞書を引いても出てこない意味です。日本人が持っているイメージでしかない。

でも、人間は当たり前のように、あるものに対し、本来の意味以外のイメージを抱いてしまう。自分の持っているイメージを「言葉」に紐付けてしまうのです。

缶コーヒーに限らず、森羅万象あらゆるモノに対する意味をディープラーニングでは表現しきれない。この能力こそ人間に固有のモノで、人間が種として優秀な証拠ではないかとすら思えます。

人工知能を作ることは、人間と同じ認知の方法で、人間を解釈することと同義だと僕は思います。でも言葉の場合、1つの言葉に紐付く情報が多すぎて、全てを認知できない。

人間は情報量を意識せずに言葉を発していますよね。受け手も、情報量の多さを意識することは無い。そのやり取りを、改めて可視化するのはすごく難しい。

結局、人工知能を作ろうとする人間が、そもそも人間を理解していなかったのです。チャ

ットボットを扱う業界で、話題作り以外に、例えば生産性向上といった成果が出てこない理由は、この点に集約されるのではないでしょうか。

「あるとき」と「ないとき」の差分こそが意味

チャットボットに関する話ばかりしちゃいましたね。話を戻しましょう。シンギュラリティと強い人工知能について、チャットボットを開発して気付いた点ですよね。チャットボットを通じて痛感したのは、意味の理解は相当難しいという点です。意味の理解は、そう簡単に実現しないですね。

少し哲学的な話ですが「多くの人間は〝意味〟の意味を理解できていない」という話をご存知ですか？

まず、トンカチを思い浮かべてください。トンカチを手に持って、トントン叩いているとします。それが当たり前になってくると、次第にトンカチの価値って意識しなくなりますよね。考えなくなってしまう。

でも、新たにモノを作りましょう！　というときになって、周りにトンカチが無いと「あれ？　トンカチがない！」と気付きます。途端に、そのトンカチの価値に気付くのです。

人間はモノを使っていると、それ自体が自身の一部になってしまって意味を考えなくなってしまうのです。

他にも、自分自身の「手」について考えてみましょう。身体の一部でありすぎて、意味なんて見出せないですよね。でも、もし手を怪我して「右手は1週間固定しなくてはいけないので使えません」と言われると、存在する意味が分かるそうです。手が使えないってこんなに不便なのか、と気付くのでしょう。

つまり「意味」というのは、それがある状態と無い状態、両方を想像できたときの「差分」なんです。多くの人間は今の状態が当たり前になってしまって、無い状態を知らないから、意味を見出せないのです。これ要る？　というリアクションになってしまう。

例えば、2017年は「インスタ映え」という言葉が流行語大賞を受賞しました。中にはインスタントカメラで写真を撮ってから、その写真をiPhoneで撮影して、Instagramに投稿する人もいます。

なぜなら、最近のカメラは画素数が高くて綺麗に写ってしまうからです。綺麗に写りすぎたくないというニーズがあるわけですね。

でも、僕らの時代にはインスタントカメラって古いカメラの象徴でしたよね。デジタルカメラでいかに綺麗な写真を撮るかが大事でした。インスタントカメラは画質が荒くて、見栄えが悪かったからです。

最近の人たちはそういう時代を知らないから、すでに存在するデジタルカメラに「意味」を見出せなくて、逆にほとんど使う機会の無いインスタントカメラに「意味」を見出している。

ファッションのトレンドも同じ原理ですよね。ある状態と無い状態を交互に行き来しているだけです。最近の流行の多くは、僕らが若い時代に流行ったファッションが進化しただけで、根っこは同じです。

例えば昔流行したセカンドバッグは、今は少しサイズを大きくしてクラッチバッグとして再び流行しています。流行は、螺旋階段のように同じ範囲を進化しながら繰り返しているのです。セカンドバッグが古くなって誰も使わなくなると、荷物少ないのにこんな大きなカバン使うの？　というニーズが現れて、再び流行し始めたのです。

無い状態を想像できるようになって、それは初めて「意味を理解している」と言えます。何々して無いという否定の状態が想像できれば、意味を理解していると言えます。無い状態の理解こそ絶対条件なんですよね。

人間が凄いのは、無いときに想像力と言うか妄想力で「ある状態」をイメージして、何かを作れてしまう点だと言えます。

第1章で紹介したエイブラハム・ウォルドの話も、今ある飛行機から「無い状態」の飛行機、つまり戻ってきていない飛行機の存在を思い浮かべ、どうなっているだろうかと想像し、答えを導き出しました。2018年現時点で、ここまで到達している人工知能は存在しないですね。

意味を理解している人工知能を「強い人工知能」と言います。

弱い人工知能を統合して、何でもこなせる高い汎用性がある人工知能が強い人工知能だと紹介している人が結構いるようですが、それこそ意味を理解していないですね（笑）。

「意味を理解している」と言うのと、「汎用性が高い」と言うのは全く別です。

意味理解って本来は深い話です。強い人工知能という言葉を生み出したジョン・サールも「Minds, Brains, and Programs」という論文の中で、あまり説明せずにサラッと言ってしまっていて、みんな見落としているなぁと思っています。

意味を理解する強い人工知能が誕生して、ますます人工知能の浸透が加速していくのです。強い人工知能が登場するからこそ、対応できる範囲が作業から仕事へと昇華するようになる。

こうした段階を経て、一気にシンギュラリティへと近付くのです。

人工知能が意味を理解するとどうなるのか？

ものすごく重要な話だと思うので、少し質問をさせてください。

意味を理解すると言うのは、つまり文章が要約できることを指しているのでしょうか。例えば「今日、私は動物園に行ってライオンやヘビを見ました。とても楽しかったです」っていう文章があったとして、要約して「今日、動物園で色んな動物を見て、楽しい時間を過ごしました」と端的に表現するのも、意味を理解していると考えればいいでしょうか。

こうした文章要約機能を持つ人工知能は、２０１８年現時点でいくつか登場しています。例えば２０１７年には日本経済新聞社が、自動で決算記事を生成するサービスを披露しました。ＡＩ記者と呼ばれて話題を集めました。

意味を理解しているということは、つまり文章を理解してエッセンスを抽出していることと同義かと思うのですが、認識は合っていますか？

意味を理解するのは難しい

僕の考えでは、文章の要約は「意味の理解」ではありません。何かの差分、ある状態と無い状態の差分を表現しているわけでは無いからです。要約はいくつかある文章のパターンをアレンジしているだけです。意味を理解していなくても、要約はできるでしょう。

ある状態、無い状態を想像できても、その差分が何らかのかたちで表現できていないので、意味の理解とは言えません。動物園に行ったらなぜ楽しいのか？　動物園に行かなかったらどんな感情なのか？　そこまで推察できれば「意味の理解」だと言えます。

本章第1節で、事務作業全般を人工知能が担うのは難しいという話をしましたよね。電話の受付応対で会話を全て文字にする、相手の希望するスケジュールの登録をする、そういった作業はできますけれど、忖度ができないから気の利いた対応ができないという話でした。

もし、電話応対の中で「この人の話には主語が無いけど、おそらく取引先企業の株式会社ロックオンのことを言っているのだな」と推察できるようになれば、僕が言っている意味での強い人工知能の誕生だと理解していいでしょう。

そうした推察を、文章の文脈から理解するのか、過去の履歴から推察するのか、どういう元データが必要なのかは、ちょっとまだ想像できませんけどね。

画像認識のためのオープンソースの多くは、ベースとなる画像データはすでに学習されています。だから、皆が最初から犬や猫を学習しなくても、プログラムを組めば直ぐに認識できます。

それと同じように、ある種究極の「人工知能」というまだ見ぬオープンソースに、私たちの社会常識の全てが学習されていたとしたら、エイブラハム・ウォルドのように撃ち落されなかった飛行機のデータを与えられて、帰ってきていない飛行機のデータのことも推察できるかもしれない。もちろん、２０１８年現時点では全く無理ですね。

第3次人工知能がいったん落ち着いた後、再び盛り上がるためのブレイクスルー・ポイントは間違いなくこの「意味の理解」です。先ほど「ディダクション」と表現した理由の説明とは、まさに「意味の理解」なんです。意味が分かっていなければ、説明をすることができません。

ディダクションが完成すれば、自ずと強い人工知能は完成するでしょう。

人間の創造力は、膨大な数の因果関係の推察と、膨大な数の「あり」「無し」を含む意味の理解で成り立っているわけです。強い人工知能というのは、この創造力の再現だと言ってもいいかもしれません。いや、妄想力と言った方がいいかもしれませんね。

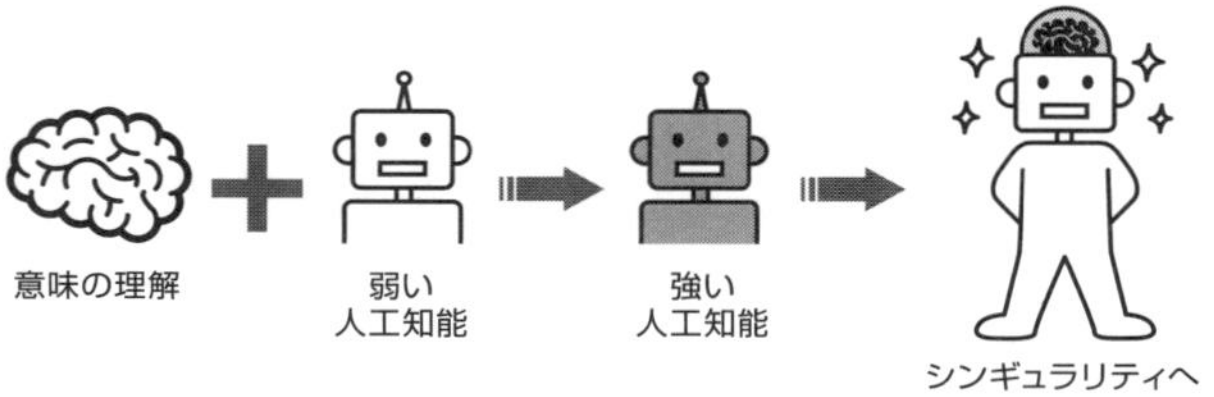

図2-15　シンギュラリティまでのイベント

強い人工知能には自我があるとか心があるとか、それは別の話です。また弱い人工知能が統合されて汎用性を持つというのも、また別の話です。弱い人工知能がどれほど統合されようが、意味を理解できなければ弱いままなのです。

繰り返しますが、先に意味を理解できる強い人工知能が誕生して、その後にシンギュラリティに到達します。意味を理解する人工知能が誕生しないと、人間が全ての分野で人工知能に負けるような事態にまでは至りません(図2-15)。

シンギュラリティと言われる時代が訪れると、人間のやるべき仕事は人工知能に代替されるでしょう。だから、人間は遊んでいることが仕事になるのではないかと僕は思っています。今で言えば、ユーチューバーみたいな存在ですね。

これから先、もっと色んなプラットフォームが出てきて、自分の趣味に価値が生まれて、お金を稼げるようになるのではないでしょうか。

意味を理解する人工知能と人間の差は無くなる

人工知能が意味を理解できるようになるとは、どういう世界か考えてみましょう。

例えば約10年後の2030年には、コンビニのレジ打ちができるロボットのような人工知能は誕生しているでしょう。でもレジ打ち止まりで、発注や在庫管理とかはできないと思うのです。

「この棚にある賞味期限の古いモノを捨てて、新しいモノを入れておいて」と指示しただけで、ちゃんと並べ替えてくれる人工知能はまだ登場しないのではないかなと思っています。

店舗を人工知能専用に改造して、おにぎりはここに置く、パンはここに置くと先にインプットしてあげれば、問題なく対応できるかもしれません。そういうプログラム以外の環境を整備しなくては、まず実現は難しいでしょう。少なくとも既存の店舗では無理でしょう。

だから、例えば山崎製パンのランチパックを見て「ランチって書いているからお弁当の棚かな？」「でも見た目はパンだからパンの棚かな？」と悩む新しいバイトのような状態にすらならない。相当に出来の悪いバイト新人と同じで、どの棚に陳列しないといけないか、その都度教えないといけないでしょう。

でも意味を理解するようになると「ランチパックは製品名で、パンの中に惣菜が入っている。だから、これはパンだ」と判断できるようになる。そのためには、ＰＯＳデータや商品データだけじゃなく、ランチの概念や、惣菜パンの定義、さらに剛力彩芽《ごうりきあやめ》のダンスも知っておく必要があるかもしれない（笑）。

人間が何も教えていないけれど、何らかの答えが出せた、意味を理解できた、そうなってくると強い人工知能と言っていいでしょう。

前の節で紹介した、ロボカップの提唱者でもあったソニーの北野さんが取り組まれている「２０５０年までにノーベル賞級の科学的発見を行うＡＩシステムを開発する」というプロジェクトに注目するのは、「何も教えていないけど理解した」というプロセスを生み出せそうだからです。

意味を理解する人工知能が登場すると、例えば接客などの対人コミュニケーションや秘書などのイレギュラー対応が必要な業種でのニーズが一気に高まるでしょう。なぜなら、それまではイレギュラーなデータを全部教えないといけなかったのに、今までの状況を表すデータや、それ以外の社会常識のデータから、教えられていないけれど類推が可能になれば、イレギュラーなデータを揃える必要が無くなるからです。

つまり少量のデータでも十分に人工知能が稼働するのです。そうなると一気にシンギュラリティに近づくでしょう。

人工知能に仕事が奪われる、みたいな本が2016年ぐらいからいっぱい刊行されていますよね。いわゆる非マニュアル対応こそが人間らしさだ、機械には対応できない柔軟性・臨機応変さが人間の強みだ、と語ってらっしゃる方は結構いますよね。

もし意味が理解できると、少量のデータでも、前後の文脈、状況を加味して、非マニュアル対応はできるようになります。いよいよ、人間と人工知能との差は無くなります。人間の強みすら人工知能は兼ね備えるのですから。

意味を理解する人工知能に「自我」は芽生えるか？

シンギュラリティに到達すると人間と人工知能の違いが無くなって、なんだったら人工知能に自我や心すら生まれるのではないか？　と心配される人もいるかもしれません。やがては人間種と人工知能種がお互いに発展して、やがて両種を掛け合わせた子どもが誕生するのではないか。そんなＳＦ映画が公開されていましたね。

自我があるかのような「振る舞い」はできるでしょう。本物の人間かと錯覚するぐらいの正確な「振る舞い」も再現できるでしょう。でも、あくまでそのように振る舞っているだけです。

人工知能が「自我」や「心」が再現できるかどうかを気にされている人は結構いますよね。人工知能と聞くと、みんな鉄腕アトムやドラえもんを想像するからでしょうか。

でも、それってそんなに重要なことですか？　第１章でもお話ししましたが、そんなに大切なことですか？

そもそも人工知能に自我があるかどうかというのは、どうやって検証できるのでしょう。「自我があるかのごとくプログラムがなされている」のと、「真の意味で自我がある」というのは別の話ですが、どうやってこれらは別物だと判断できるのでしょうか？

極論を言えば、松本さんから見て僕に自我があるかどうかなんて、証明できないですよね。

松本さんが僕に自我があると思っているのは、松本さんは松本さんの自我があると認識していて、姿が似ている人間のかたちをしている田中潤にもきっとあるだろうという予測でしかありません。証明はできないでしょう。

そもそも自我なんて、どうやって言葉で説明するのでしょうか。

僕の中では、人工知能に自我があるとか無いとか、そういう話はどうでもいいです。なぜなら、そのように振る舞えるかどうかが重要だと思うからです。

自我や意識に関する問題を「哲学的ゾンビ問題」とも表現します。SFの世界によく登場するゾンビですが、一見普通の人間と違わないじゃないですか。それなのに、主人公がゾンビに目を覚ませって訴えかけても無視して襲いかかってくるでしょう？

外見は全く同じ人間なのに、意識というか自我を持っていない。そうしたゾンビと私たちの違いをどうやって証明するのでしょうか？

チューリングテストを実施して、この人工知能には心があると20人中10人ぐらいが答えてくれれば、もう「自我がある」ということでいいじゃないですか。

チューリングテストとは、アラン・チューリングによって考案された、ある機械が知的な振る舞いを行えるか確認するテストのことを指します。判定する人間に、壁越しに機械、人間と対話をさせて、「どちらが人間で、どちらが人工知能でしょうか？」と質問します。も

図2-16　チューリングテストのイメージ

し仮に半分以上の人間が人工知能のことを「人間です」と間違えたら、それは人工知能に心があるということにするのです（図2-16）。

声による対話だと、人工的な音声で人工知能だと発覚してしまいますから、キーボードとディスプレイでのやり取りのみに制限する必要があります。今ならＬＩＮＥによるやり取りが良いかもしれません。

人間のような振る舞いをしている人工知能に、心が芽生えている・芽生えていないと議論しても仕方が無いでしょう。だって心があるかどうかは証明できないのですから。それは周囲が決めることです。

例えば、将棋の世界で言われる「直感」や

「大局観」について、言葉で上手く説明できない棋士が多いと聞きます。上手く説明できないけどこうだと思う、という話ですから、論理的に説明できないけど感覚でそうならばいいですよね、と折り合いをつけているだけです。それと一体何が違うのでしょう。

なぜ人工知能についてだけ、心のような、上手く言葉で説明できない能力が芽生えることを恐れるのかが分かりません。

第3章　社会に浸透する人工知能に私たちはどのように対応するべきか？

人工知能が浸透した時代の働き方とは？

いよいよ最後の章です。

今までの章は、人工知能が社会でどのように活躍するのかについて考えてきました。これまでの説明から人工知能社会が一気に浸透するのではなく、世の中にジワジワと広がっていくのだと分かりました。

つまり明日にでも仕事が無くなるのではなく、少しずつ人工知能が作業を減らしてくれて、あの作業が自動化した、この作業が自動化された、全部統合された、じゃあ人要らないねという流れになるという話でした。

今まで多くの書籍では「人工知能時代の大失業に備えよ！」といった脅威論や、逆に「人工知能を恐れてはならない！」といった楽観論のいずれかに偏っていたように感じています。技術的に考えて、着手可能な領域はどこか？　といった観点から、人工知能に代替される仕事は何かという議論を深められたのは有意義でした。

多くの人が人工知能と聞くと「人工的に作られた知能を持つ機械」だと認識しています。したがって、自分の仕事が機械に代替されてしまうのではないか？　という恐怖心は持っているでしょう。

その恐怖心につけ込んだ商売に騙されて、右往左往している人は意外と多いです。そこで、この章では人工知能が社会に浸透するにつれて、私たちはどのような変化に対応しなければならないのかについて話していきたいと思います。

まず、人工知能が高度に発達した10～20年後の世界について議論を深めましょう。その頃には私たちはどのような働き方をしているのでしょうか。少なくとも作業を担う人工知能から、仕事を代替する人工知能にまで進化しているはずです。

仕事が無くなってしまった人もいるでしょうし、仕事を奪いすぎて失業者が溢れ出して「人工知能不況」なんて言葉が誕生しているかもしれません。そんな時代の働き方とはどうあるべきでしょうか？

組織の時代から個人の時代へ

社会にちょっとずつ人工知能が浸透していくのは間違いないでしょう。それが突然起こるのではなくて、気づいたら「あれ？　私の仕事無いじゃない」というぐらいに少しずつ浸透していく。で、クビになりました、と。そういう状況が２０３０年代から始まるでしょう。

そうなると、経営者がいっぱい増えるというか、個人事業主がいっぱい増えるような世の中になると僕は思っています。

サラリーマンのように会社から雇われて一生を終える人が多かった時代は1900年代だけだと言われています。1800年代の江戸時代は、個人事業主が大半を占めていたようです。自分のスキル1つで稼いでいるみたいな人が多かったのです。

1900年代は、そういうスキルを束ねてより大きな仕事に取り組むために、組織が生まれて、会社が生まれたに過ぎません。そういう意味では、**人工知能に仕事を奪われていっても個人事業主が大勢いた昔に戻るだけで、別に死ぬわけでも無いですし、恐れる必要は何もありません。**

ただし、これからは個人で生きる能力が必要になります。

20世紀に求められたのは組織で生きる能力でした。それは「仕事をするための能力」であり、ビジネススキルでした。MBAのような資格ホルダーが重宝され、資格こそ努力の証でした。しかし、このような能力は人工知能が駆逐します。

21世紀には「人生を生きる能力」が必要です。

2017年には個人の能力を売買できるサービスが注目を集めていました。VALUと呼ばれる、個人を株式会社に見立てて、その価値をビットコインで支払うサービスが反響を呼びました。その他、Ｔｉｍｅｂａｎｋと呼ばれる、専門家の時間を売買できるサービスも登場しました。

いずれも、インフルエンサーと呼ばれるような、ソーシャルネットワーク（ＳＮＳ）上で強い影響力を発揮している人たちの価値に注目したサービスです。その価値に値段がつくのです。

２０１７年10月には、あるアパレル店の店員採用基準として、インフルエンサーとしてＳＮＳ上で何人フォロワーがいるかが重要という報道がなされて大変話題になりました。もはや、こういう能力が求められて当たり前の時代になったのです。

ＶＡＬＵやＴｉｍｅｂａｎｋのようなプラットフォームが登場したのは、人工知能の時代だからこそと言えます。これからは、自分を世の中にアピールして価値を高めることが主たる能力として求められると思います。

10年前、それこそＹｏｕＴｕｂｅをＧｏｏｇｌｅが買収した頃、ユーチューバーというのが仕事になるとは誰も思ってなかったでしょうね。今では子どもの間で人気のある職業です。

それに比べて、事務だとか受付だとか、19世紀あるいは20世紀から続いている仕事は、どんどん減っていくと僕は思いますね。

これからの時代、個人の持っている価値に焦点をあてた、色んなサービスが出てくるでしょう。20世紀的な発想だと、生きていく手段とは「労働」でした。労働の対価として貨幣を獲得し、その貨幣によって日々の生活を営むのです。

しかし21世紀の人工知能時代になると、人間それぞれの持っている価値がインターネットを通じて売買されて、そのリターンによって生きていく人が、世の中にたくさん出てくるでしょう。

20世紀は資本主義の時代で、株主として働かずとも所得を得る人が一定数いました。21世紀は、1人1人が自分の持っている価値を担保に誰もが資本家になれる時代なのです。

21世紀の仕事を大分類すると、人工知能を作る仕事と、自分自身を売り込む仕事、この2つに収斂されるのではないでしょうか。おそらく文系の人は「自分の価値の提供」に、理系の人は「人工知能の製造」に分かれていくと僕は思います。

そう考えると、本書を読んでいる読者の中には、文系であっても「自分はVALUに売り込むほどの魅力は無い、せめて人工知能を作る側だったら何とか生き残れるのではないか」と猛勉強を始める人が出てくるかもしれませんね。

私たちは古代ローマ時代に還る

生きるとは労働そのものだった20世紀から、生きるとは生きる意味を考える、そういう時代に変化していくでしょう。

そうした時代の代表例として、僕は古代ローマ時代を思い浮かべます。古代ローマ時代、仕事は「奴隷」がするもので、「自由人」が普段何をしていたかと言えば「議論」だそうです。

この時代の奴隷と自由人は、今とは全く意味が違っていて、奴隷とは古代ローマ帝国が吸収合併した側の人たち、自由人とは逆に昔から古代ローマ帝国に暮らしていた人たちです。身分は固定的ではなく、奴隷から自由人になることもあったようですね。また奴隷の仕事は肉体労働と言っても、医者も奴隷の仕事だったので、この時代の奴隷はあらゆる労働力の担い手になっていました。こんな時代に哲学が花開いたわけですね。

そうした時代の揺り戻しが21世紀に起こるのではないでしょうか。仕事は「奴隷」である人工知能がやってくれるのですから、「自由人」である僕ら人間は暇になります。世の中に再び哲学が求められるのではないでしょうか。端的に言うと、みんな暇ですから（笑）。

僕が強調したいのは、人工知能が仕事を奪うのではなくて、人工知能によって労働から解

放されるという発想です。人工知能という「奴隷」に全部やってもらえばいいのです。

今は労働と賃金という2つの軸で社会がグルグルと回っています。実際のところ、お金のために労働している人が大半でしょう。もう面倒な労働から人工知能が解放してくれますよ、という言い方の方が正しい気がしますね。

シンギュラリティの時点から20世紀を見たら、古代より酷い奴隷制じゃないか、という見方も出てくるかもしれません。みんな、お金のために働いていると言っても、やっていることは奴隷と変わらないじゃない、と思うのではないでしょうか。資本主義の名を借りた奴隷制ですよ。

9割ぐらいの人は奴隷のように働いていませんか。日本なんか特に、過労死までしますから。**死ぬまで働くって奴隷と何が違うのですか？** 未来の社会科の教科書には「20世紀まで奴隷制がありました」って書いてあるかもしれませんね。

人工知能時代にこそ考えるべきベーシックインカム

さて、ここで考えないといけないのは、労働から解放されたら、その対価として得られるはずだったお金が得られないじゃないか、という疑問をどうやって解決するかです。

経済活動の観点で考えてみましょう。人工知能が今ある仕事を代替していった結果、労働者人口の約３分の１の２０００万人が働いていれば、同じ生産量を維持できると分かったとします。つまり第２章で紹介したように、人を必要としないか、生産性が劇的に向上する場合を想定しています。

残りの４０００万人はどうなるでしょうか。失業者として街に溢れてしまうのでしょうか。しかし、それでは需要側の人数が３分の１に減ってしまうので、自ずと供給量も３分の１に減らさなくてはいけません。それでは経済が回らなくなります。お金が流動しなくなるからです。

かといって貨幣による経済体系が完全に崩壊するとも思えません。紙幣だろうと、電子マネーだろうと、ビットコインだろうと、貨幣という発明は人工知能が浸透した後も生き続けるでしょう。

そうなると、労働の対価としてお金をもらうという仕組み自体を壊すしかないと僕は思います。つまり経済を回すためには、残り４０００万人にお金を配るしかありません。いわゆるベーシックインカムと呼ばれる、政府が全ての国民に対して最低限の生活を送るのに必要とされている現金を定期的に支給する制度です。国が経済成長を促すために企業に補助金を出したり税金を免除したりするのと、同じ考えです。

もちろん、毎回全てを使い切ってもらいます。不景気で老後が心配だと、みんなお金を使わずに貯めちゃう。それだと経済が回らなくなるので、貯めちゃいけない、みたいなルールも必要かもしれませんね。

つまり、お金を使う行為自体が労働なのです。毎月、政府から支給された8万とか10万のお金をちゃんと使い切る。それが20世紀の言葉で表現するところの「労働」になると考えています。

ただ、国によって、ベーシックインカムが導入される国と、導入されない国に分かれそうな感じはします。人によってはすごく反発がある政策だからです。

反発している人はたぶんMですね。労働が大好きなのです。結局、働かずにお金を得るのは卑しい行為だと思っている人がまだまだ大勢いる。俺がこんなに苦労して汗水流して働いているのに、あいつは何もせずにお金をもらっている、卑怯だという発想ですよね。

日本は過労死するほど働く民族ですし、俺が若い頃はもっと云々という話が支持される国ですから、きっとMが多いでしょうし、ベーシックインカムは導入されないかもしれません。

もしベーシックインカムが導入されなかったら、20年後、30年後には人間より人工知能の方が頭が良いのだから、人工知能の言うことを聞いて労働し、対価としてお金をもらわざるを得ない。

あるいはものすごく高い失業率で、働き口すら無いかもしれない。そうなると、たぶん僕のような人工知能を開発する人間は「お前らのせいだろ！」と恨まれて殺されかねません。だからベーシックインカムが導入されなかったら、日本を脱出する必要が出てくるでしょう。

こう言うと、未来感溢れる与太話に聞こえるでしょうから、身近な例を挙げましょう。

例えば、駅の切符売り場ってかなり前は人が応対していたじゃないですか。いつの間にか自動化が進んで、人がいなくなりましたよね。

あとは切符切りの人とかも都市部にはほとんどいなくなりました。最近の若者は、自動改札機より前の時代を知らないでしょうね。

コンピューターができたことで淘汰された職業っていっぱいあると思います。でもメリット、デメリット足し合わせてメリットが勝っているから、まだ反発する人が少ないだけです。

どんどん人工知能が浸透して、そもそも代替する労働すら無くなった世界を想像してみてください。その世界で、人工知能を作るためのプログラミングの能力は持っていない、かと言って自分の持っている価値を提供するほどの能力も無い人はどうなりますか。

働き口は無い、だからお金を持っていない、かといって貨幣経済であることには変わりない。そんな世の中に皆さんは本当にしたいですか？　だからベーシックインカムが必要なんです。

ベーシックインカムは、必要とする人たちの声が世論のどれだけを占めるかで導入が決まるでしょう。例えば派遣社員が全労働者人口の数パーセントぐらいだった時代は、みんな派遣社員を心のどこかで軽く見ていました。派遣社員は派遣先の労働組合にすら入れませんでした。でも全労働者の3割を超えてくると、派遣社員自体が普通になってしまって、無視できなくなってくるのです。

人工知能のせいで失業した人たちの割合が増えてくれれば、「ベーシックインカムが無いと暮らしていけない」みたいな意見が普通になってくるはずです。

ベーシックインカムはどこまで浸透しているか？

2018年現時点におけるベーシックインカムの議論は、全くと言っていいほど進んでいません。2017年の第48回衆議院議員総選挙において、国政政党としては初めて希望の党がベーシックインカムを公約として掲げたぐらいです。

お金がタダで配られるという面があまりに注目されすぎてしまって、もっとも議論すべき哲学的視点が無視されています。それはベーシックインカムで経済は回るのかという問題です。あと15年ぐらいしか猶予が無いのに、一体何をのんびりしているのでしょうか。

世界に目を向けると、すでにベーシックインカムの社会実験を始めている国があります。

国家レベルでは、フィンランドがベーシックインカムの導入を試験的に２０１７年１月から始めています。無作為に抽出した２０００人の失業者に対して月５６０ユーロ、日本円にして7万円弱を支払います。実験期間は２０１８年12月まで、主にベーシックインカムの導入が失業率の低下に影響を与えるのかを調べます。

アメリカでも実験は始まっています。カリフォルニア州ストックトンという都市で、市民31万５０００人の中から無作為に抽出して、２０１８年からベーシックインカムの実験を行うと発表しています。月５００ドル、日本円にして6万円弱を支払います。

フィンランドとの違いは、失業者に絞らない可能性がある点です。フィンランドでは当初、就業者にもベーシックインカムを導入しようとしたことが猛反発を食らったので、失業者対策に焦点を絞った経緯があります。

いずれにしても、ベーシックインカムの実験結果は、２０１８〜２０１９年に出てきます。

どのような結果になるのか楽しみですね。

結局のところ、人工知能はテクノロジーに過ぎません。労働の代替になったとしても、人間の代替にはなり得ないのです。自分の人生をどのように生きるかという生き方までは人工知能に奪われません。

人工知能について考えるのは、実際のところ、未来にどのような生き方をしていくのかを考えるのと一緒です。その1つに「経済」があります。ベーシックインカムで経済を回す仕組みを考えておけば、人工知能と言うのは、人間の仕事を奪う脅威ではなく、あくまでも労働からの解放になります。

それに気づける政治家はどれぐらいいるのか、残された時間は思いのほか少ないです。財源論、給付方法、議論すべき内容は山のようにあります。

ざっくりとしたスケジュールを考えてみましょう。

これから5年でベーシックインカムの議論が始まって、次の5年で人工知能への理解が浸透し始め、その必要性が高まって、さらに5年で市区町村レベルでの試験導入が始まり、最後の5年で国家レベルでの議論と導入が始まる。それでも20年はかかります。

その間、人工知能に仕事を奪われて、お金も無くなり、生きていくのにもやっとの日々に嫌気がさして、自傷行為に及んでしまう人間がどれぐらい生まれるのか。日本政府にはもっと真剣に考えてほしいです。

人工知能により真っ先に職場を追われる人の気持ちを考えられるか？

「働く側」の人間にベーシックインカムが必要という意見は分かりました。

ベーシックインカムが無ければ、貨幣経済が続く限り、街中にお金のない失業者が溢れかえるという世界はイメージできます。しかしベーシックインカムがあれば、街中は失業者だらけだけどお金があるから、そこまで困らないわけですね。

でも、それは人間から人工知能への労働のバトンタッチが上手くいけば、という前提が必要かもしれません。今回、本書を通じて、労働が少しずつ人工知能に置き換わっていく世界観をお話しいただきました。つまり一気に体制が変わるわけではないと分かりました。

そうなると、政府にしろ役人にしろ仕事が無くなってしまうという危機感は大きく下がるのではないでしょうか。それは「ベーシックインカム？　まだ不要でしょ」と決断の先延ばしにつながり、本当に必要なタイミングになっていよいよ検討するという後手後手にまわる可能性すらあります。

とはいえ、真っ先に人工知能に置き換わる仕事をされている方からすれば切実ではないでしょうか。そういう方々は「私って要らなくなるの？　そんなの嫌だ！　反対！」と声を上げるでしょう。すごく反発するでしょうし、拒否感は相当なものでしょう。

まるでロシアンルーレットだと私は感じました。どの業界の、どの仕事が人工知能に奪われるかは今のところ分かりません。しかし、どこかの誰かの仕事が奪われる。結局、僕らは仕事が奪われることに対する恐怖心から逃れることはできないわけです。

人工知能による代替が決まった職場では反対のデモが起きて、それを「自分じゃなくて良かった」と思いながら眺めているビジネスマン。——こういう構図は、この先当たり前になるかもしれません。だからこそそのベーシックインカムなのでしょう。

ですが、ベーシックインカムの導入に対しても反対意見が出るでしょうし、人工知能による仕事の代替自体にも反対意見が出るでしょう。結局、そうした反対の世論に流されるまま、日本はベーシックインカム未導入国となってしまうのではないでしょうか？

ベーシックインカムが無いまま人工知能の浸透が進むと……

人工知能はホワイトカラーの仕事を奪うと言われています。**今回の話を通じて、全ての仕**

事が奪われるのではなくて、まずは一部が代替されるというのが伝わったはずです。

例えば弁護士の仕事が人工知能に奪われるのではなくて、過去の判例や争点・論点を直ぐに見つけてくれる人工知能ができて、弁護士は意思決定をするだけになる。これはイメージが湧きますよね。

でも、レジ打ちやファストフードの店員や清掃業のような低賃金の仕事に関しては、本当に丸々奪われる可能性があります。これは松本さんのおっしゃる通りです。

産業革命期のイギリスで、ラッダイト運動という機械打ち壊し運動が起きました。機械化によって労働者たちが失業してしまうのではないかと恐れて起きた有名な機械破壊運動の１つです。

本当に被害を受ける切実な人たちがいることは間違いない。そういう現実を目の当たりにすると、人工知能の積極的な導入は決断できないですよね。特に政治家は。明日枯れる花にも水をやるのが政治家の仕事だ、と言ったのは大平正芳元総理でした。

人工知能を作るための学力を身に付けるため、もう１回勉強するなら給付金が出ますと政府が言ったとしても、ちょっと難しいと感じる人も多いでしょう。じゃあＶＡＬＵやＴｉｍｅｂａｎｋを活用して、自分の魅力や価値を売買するかと問われれば、これもちょっと難しいと感じる人もいるでしょう。

そういう人たちのためにもベーシックインカムが必要です。政府がそうした国民を見殺しにしないために、彼らが生きていけるように導入する最低限所得保障が、ベーシックインカムなのです。

人間は「知能」が全てなのか？

結局、人工知能の進化を止めることはもうできないのですから、人間が負けるシンギュラリティに向けて個人も政府も備えるしかありません。

悲観する必要は全く無いけれど、楽観して何もしなくて良いという話でもない。人工知能が少しずつ作業を無くして、仕事を無くして、職業を無くしていきますから、「このままじゃ労働の対価を得ようにも、その労働自体が無くなっちゃう」と言われる前にベーシックインカムを導入して、ディストピアな日本になるのを防ぐしかありません。

ただ、どんどん人工知能に仕事を奪われてしまうと、人間としての尊厳、プライドに関わる問題もあるかもしれません。人工知能がどんどん発達していって、人が負け続ける事象が続くと「人は機械に負けた」という悲観論者は出てくるでしょう。

仕事が奪われてしまって「働き口が見つかりません。何のために生まれてきたのでしょうか？」と悲しんで塞ぎ込んでしまう、すごい悲観論者も出てくるでしょう。

囲碁で世界最強クラスと謳われたイ・セドルが人工知能に負けたときは、韓国ですごいバッシングがあったという話を聞いています。また、チェスで当時チャンピオンだったガルリ・カスパロフが人工知能に負けたときも「機械に負けるなんて考えられない」とすごいバッシングを浴びていました。人間は機械に負けてはならない。この風潮ってしばらく続きそうですよね。

でもね。これ、本当にバカみたいな話ですよ。人間と機械は対決するものでも何でもない。逆に、なんで対決していると見立てるのかという感じですね。機械と人間は、人工知能よりも前に勝敗が付いています。人間は機械の力を借りて、19世紀以降に急速な経済の発展を遂げています。人間は機械の力を借りなければ経済成長できないのです。

囲碁にしてもチェスにしても、機械対人間という上辺ではなく、人工知能を作った人間とゲームマスターとの対決という本質に目を向けてほしいですね。人間同士の意地の対決ですよ。

それに機械に負けたから、何か変わったかと言うと、別に何も変わってないでしょう。機械と比べようとするのは、人間としての尊厳やプライドを悪い方にこじらせていますよね。

結局、「人間は知能が全てなのか？」という素朴な疑問に対して、みんな目を背けすぎです。知能が高ければ人間は幸せなのか？　賢ければ人間は幸せなのか？　そんなことないですよね。

知能で負けたとしても、幸せな日々を送れるかどうかは自身の生き方で決まるのであり、機械に左右されようがない。それは今も同じですよね。**知能が高ければ幸せというのは「良い大学に入って良い会社に勤める」神話と同じです。極めて20世紀的発想ですよ。**

頭の良い人は、自分の頭の良さだけがプライドの拠り所だから、自分を超える人工知能が出てきたことが許せないのでしょう。でも、21世紀を生き抜く能力とは、もはや知能じゃありませんから。早く、その固定観念から抜け出した方が良いですよ。

人工知能は個人の生き方すら変えてしまうのか？

人工知能が浸透するにつれて、私たちの働き方は大きく変わっていく。つまり、生き方も大きく変わっていってしまう。働くために生きる20世紀から、生きるために生きる21世紀への大転換が始まっている。そのためには20世紀の神話や古い哲学を捨て、早く21世紀の哲学を取り入れなければいけない——こういうメッセージだと理解しました。お金のために働かないといけない時代は、人工知能が奴隷を務めてくれるおかげで終焉を迎える。あなたはあなたの好きなように生きれば良い。

つまり人工知能時代において大事なのは、働き方ではなく生き方なのではないでしょうか。

田中さんはＶＡＬＵやＴｉｍｅｂａｎｋのような個人の価値に、もっと焦点があたるとおっしゃっていました。つまり、個人の持っている力が重要視されていくのでしょう。そうなると、自分が好きでやっている内容が評価されていく時代に変わっていくのかもしれませんね。

人工知能時代における生き方と表現すると、どうしても自己実現本のような体裁を帯びてしまうので私は好きではないのですが、実際のところ、現在と比べてどのような変化が起きるのでしょうか？

個人・個性こそが全て

「信用」や「共感」に対するインフレが起こると僕は思います。もともと日本には「信用」

という文化がありますが、それがより目に見える形で世界に浸透していくでしょう。

僕は米国帰りだから余計にそう感じるのかもしれませんが、日本でビジネスをする場合、「信用」だけで担保できることがあります。一方で海外では契約書が絶対だと見なされます。

アメリカの大学では、大学院に行く際にレコメンデーションレター（推薦状）を教授に書いてもらいます。今の教授が、次の教授に向けてあなたの評価を書くわけです。もちろん中を開けてはいけません。これに似たようなことが、ブロックチェーンと人工知能によって実現すると思います。

その前提として、**人工知能の時代を迎えると、組織から個人、労働より共感、より1人1人の人間が注目を集めるようになります。その指標が「信用」や「共感」になると、僕は考えています。**

人工知能の時代の「信用」は、ベクトルで表現されると思います。

例えば、その人のウェブ上のコメントに対する反響、フォロワー数など、ＳＮＳ上のデータ全てが、ブロックチェーンによって統合される——つまり、今よりもっと安全なかたちで、個人の情報が管理されるようになり、そこに、人工知能が乗っかってくる。ＳＮＳ上のデータを管理するブロックチェーンは、個人の信用を担保するようになり、未来の人工知能はそのデータをもとに、あなたのことを信用してくれる人や場所へと導いてくれる――僕はこのように考えています。

20年後には「信用」の意味合いが、今とは少々異なっているかもしれません。つまり信用の多様化が起こるのです。例えば、僕の会社が融資を受ける際には、銀行を何軒も回らねばなりませんでした。それぞれの評価の違いから利子などの条件が異なっていたのですが、20年後にはそういう面倒なことはなくなるでしょう。つまり、信用と信用のマッチングを、人工知能が自動的に行ってくれるようになるのです。

これはお金を借りる際だけではなく、ビジネスや恋愛、人の紹介など、多くの場面で使えるでしょう。今のＳＮＳだと、この友達とあの友達をつないだら喧嘩しないかなど、データが不十分なため心配をしてしまうことがあります。しかし、未来の人工知能は、あなたのブロックチェーンデータをもとに、より的確にマッチングをしてくれるでしょう。

また、個人・個性ということで言えば、２０１８年現時点で、ＹｏｕＴｕｂｅで億単位のお金を稼いでいるユーチューバーがいます。ＹｏｕＴｕｂｅだけにとどまらず、あなた個人を表現する場所が、これからもどんどん広がっていくはずです。あなた自身が何者であるかがより重要になり、あなたのデータが、今よりももっと直接的な価値を生み出す時代になってくるはずです。

インターネット上の「信用」文化

こういう時代になると、個人の信用を貶《おとし》めるために冤罪が増えたり、言い掛かりをつけたりする負の側面も出てくるでしょう。ＧｏｏｇｌｅやＴｗｉｔｔｅｒなどのＳＮＳは今後、そうした被害者の声に耳を傾けなければ「あのサービスは嘘情報を放置するから使いたくない」とユーザーが避けるようになるはずです。

２０１７年、ポスト・トゥルースやフェイクニュースという言葉が流行りましたよね。客観的な事実より信じたい嘘が信じられる時代になりました。ＧｏｏｇｌｅやＦａｃｅｂｏｏｋなどの企業は対応に追われて、そうしたフェイクニュースを締め出すようになりました。

なぜなら「信用」こそが、21世紀の人工知能の時代を生き抜く上で重要であり、それは個人も企業も変わらないからです。真実ではない記事を載せる媒体は信用できないし、そんな記事を拡散する人は信用できない。でも、人はどうしても自分が信じたいものを信じてしまうから、そういう記事が自然と出回ってしまう。

ただ、僕は「信用」文化にすごくポジティブな印象を抱いています。インターネット上での「信用」文化は、すでに始まっていると僕は思います。

２０１８年現時点で、車を借りるＵｂｅｒのようなカーシェアリング、家を借りるＡｉｒｂｎｂのようなシェアルーム。全くの赤の他人に自分のモノを貸すことに、違和感を覚えない人たちが結構増えていますよね。それって、相手の信用が問われるじゃないですか。昔なら、見たこともない人と部屋を借し貸りするのは、すごく勇気のいることですよ。

なぜそれができるかと言えば、相手に対する信頼が可視化されているからです。周囲からの評価が得点化されている。グルメサイトのお店の評価も、オークションサイトの出品者の評価も、得点を参考にしていますよね。

２０１７年、中国ではアリペイが提供する芝麻信用というユーザーの信用度を数字で算出するサービスが爆発的に普及しています。芝麻信用のアプリは「身分の公開」「つながり」「返済能力」「クレジットヒストリー」「行動履歴」の５つの要素がそれぞれ数値化されています（図３‐１）。

スコアの得点が高ければ、デポジットが不要になる、金融商品の金利が優遇される、婚活サイトに登録できる（笑）。芝麻信用は個人の信用度のプラットフォームになりました。

仕組み自体は米国のクレジットスコアに非常に近いのですが、ＳＮＳ上でのつながりなど

図３－１　「芝麻信用」のアプリ

が加わっている点が新しいと言われています。

芝麻信用のおかげで、日本に来日する中国人は実にお行儀良くなったらしいですね（笑）。悪いことをすると数字に影響が出てしまいますから。公共の概念が無いと言われるお国柄ですから、「信用」の醸成のために中国政府も積極的に支援しているようです。快適で安全な社会のためなら、個人のプライバシーなんて何とも思わない中国らしいです。集団の秩序が、個人の意思に勝る中国のような国は、僕は嫌ですけどね。

さすがにここまでやるのは問題かもしれませんが、**今後ますます「信用」は重要になっていくでしょう。どの人が「信用」されているのか、可視化されやすくなるのは間違いないと思います。だからこそポスト・トゥルースやフェイクニュースは放っておけないんです。「信用」とは真逆のベクトルだからです。**

ＶＡＬＵやＴｉｍｅｂａｎｋにしても、評価が高いのはＳＮＳ上で多くのフォロワーを獲得している著名人です。中にはちょっとどうかな？　と感じる人もおられますが、フォロワーが多い＝信用できるという1つの判断基準にはなるのでしょう。

どれぐらい昔かは僕も分からないけど、日本の場合は、明示的に数値化されなくても目に見えない信用の積み重ねを前提にしてきました。野菜を近所の住人とシェアする前提で多めに作るのは当たり前でした。それは相手のことを知っているからですよね。デメリットとしては、村八分のように、強い結びつきのコミュニティから弾き出される危険性もあります。

僕が松本さんと知り合うキッカケはある人の紹介ですけど、その人だったから信用できると思ったんです。**ＳＮＳがもう少し浸透していくと、別に会ったこともない友達の友達でも「あの人が言っているんだから大丈夫か」と考えて出会いが生まれていくでしょう。信頼が信頼を作っていくのです。**

テレビのコメンテーターよりも、ネット上の信頼できる人の発言の方が今は価値がありますよね。Ｔｗｉｔｔｅｒでも「コメンテーターのあの発言は間違っている」と絵図付きでＲＴされるのは、今や当たり前になりました。

人工知能のせいで都会と地方は分断される？

こうした社会を「気持ち悪い」「監視社会だ」と考える人は絶対出てくるでしょう。「強制信用社会」とも表現できるかもしれません。

逆に言えば、今までオンラインとオフラインで分かれていた活動基盤が共通化されたと考えれば良いのです。そうした統合がユーザーにとって不都合とならないようなサービスに仕上がるはずだと僕は考えています。

所属しているグループによって相手に見せる顔が変わるのは当たり前じゃないですか。知られたくない秘密なんて何一つ無いという人なんていません。そのあたりはＳＮＳのサービスを提供する企業も理解して、上手くやってくれると僕は思います。

問題なのは、人工知能時代の「信用」を作るのが得意な人と不得意な人に分かれて、信用格差が生まれてしまう点です。**特に、信用格差が生まれる基盤がリアルからインターネット上に移行するので、「よく分からないからＦａｃｅｂｏｏｋとかＴｗｉｔｔｅｒは使っていない」と言っている人たちが、いつの間にか社会から「信用できない」というレッテルを貼られてしまう可能性があります。**

さすがにそうしたＳＮＳ上のやり取りが無ければ、サービスが受けられない、お金を借りられないとなると、誰もが使い始めるかもしれません。しかし、こうした情報格差が発生するのを止める手立てはないものかと、考えてしまいます。

地方に行くと、スマホを持っていない人がいまだにいます。ＬＩＮＥもしていない。今も携帯会社のメールアドレスでメールのやり取りをしている。ＶＡＬＵもＴｉｍｅｂａｎｋも知らない。Ｆａｃｅｂｏｏｋのアカウントすら持っていない可能性がある。

そうなってくると、もしＳＮＳ上のつながりでその人が評価されるような時代が訪れると、相当不利ですよね。

人工知能が浸透した後の時代の予測では誰も触れていませんが、僕は都会と地方の分断についてかなり強い危機感を抱いています。

あらゆる仕事がちょっとずつ人工知能に置き換わっていくときに、地方にもそれが波及するのかがすごく疑問なのです。

この前、旅行で地方に泊まったら、全ての支払いが電子マネー非対応でした。本当にビックリしました。自動販売機も、タクシーも、お土産屋も、飲食店も、切符の券売機ですらも、全く使えませんでした。久しぶりにお札と小銭を取り出しました。

よくよく考えると、電子マネーに対応してもカード保持者が少ないので、設備投資をしてもあまりメリットが無いのです。電子マネーが無ければ困る、という人がいない。
東京や大阪では当たり前に使えているサービスが、地方では使えない場合があると知って衝撃を受けましたし、同じような事態が人工知能を使うサービスでも起こらないだろうか、と考えたのです。

例えば、汚い・きつい・危険と呼ばれるような3K仕事は、人手不足もあり、人工知能に置き換わると思うんです。あるいは過疎地のバスの運転手など、なり手がいないから代わりに人工知能に務めてもらうという仕事もあるかもしれません。

まだ20〜30年後の話ですが、その頃には日本の総人口は劇的に減少しています。国立社会保障・人口問題研究所によると、2050年には日本の総人口は1億人を下回るようです（図3-2）。

こうなると、地方で消滅する町村が出る可能性もあります。したがって、人手が無くても社会が維持できる基盤としての人工知能は求められるのでしょう。

でも、電子マネー対応に切り替わらないのと同じで、設備投資した分だけのメリットを享受するのに時間がかかってしまうなら、人工知能を導入せずに人間のままで良いだろうとなる可能性もあります。**地方に行くと、時間軸が明らかに都会と異なる町並みを見かけます。**

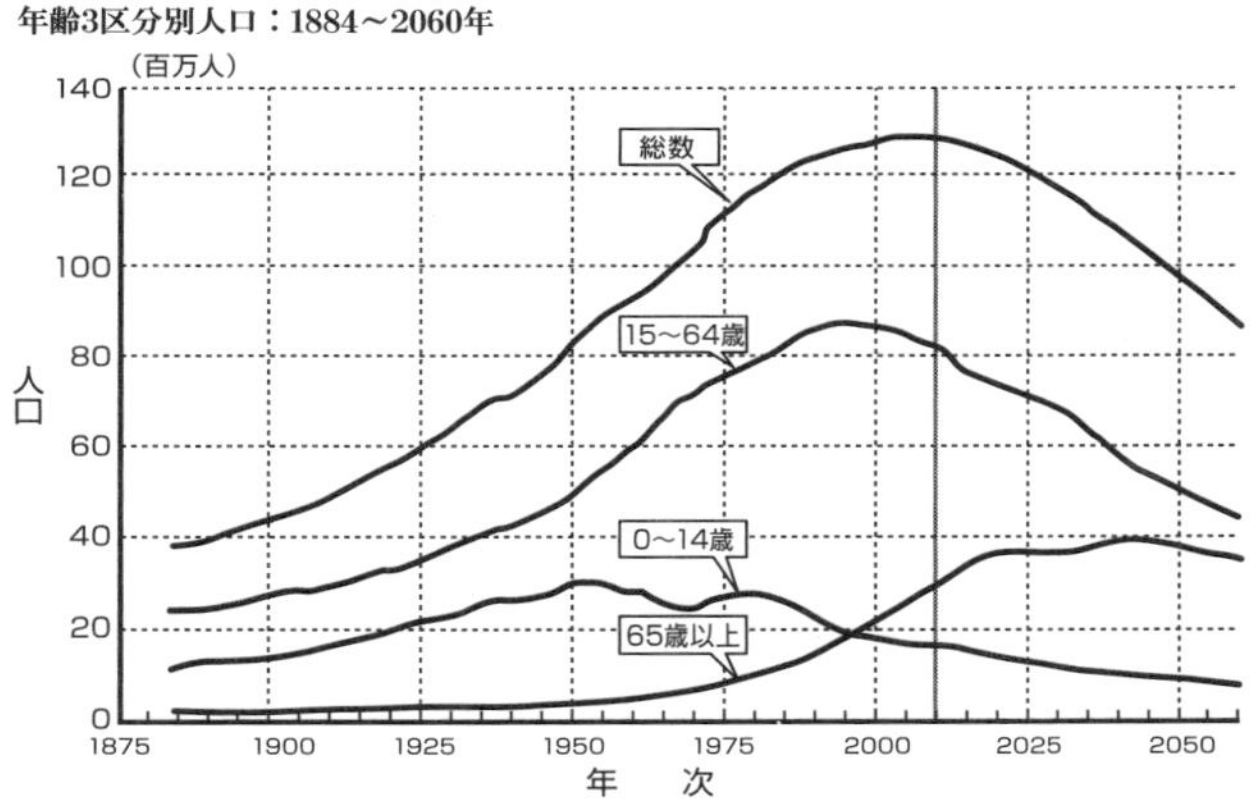

図3-2　日本の人口推移の予想

出典：国立社会保障・人口問題研究所 人口統計資料集（2013）Ⅱ. 年齢別人口「図2-2 年齢3区分別人口：1884～2060年」による。

それは街を進化させる設備投資をしてこなかった差分を表しているのです。

人工知能の浸透が進む東京のような都会と、人工知能の浸透が進む東京の様子をテレビで知る地方、この2つの世界に日本が分断されてしまわないか、非常に心配しています。

ちなみに、似たような状況にあるのがアメリカです。一定層の知識人と言われている人たちは、トランプ大統領のことをすごくバカにしています。でも、アメリカからそもそも出たことがない、ニューヨークにすら行ったことがないという人たちは、トランプ大統領の強固な支持層です。偉大なアメリカ再び、という言葉に酔いしれている。

なぜなら彼らは、景気後退の影響をモロに

受けているからです。トランプ大統領が再びアメリカを偉大な国にしてくれれば、以前のような生活を取り戻せるかもしれない、と考えている。どれだけトランプ大統領が悪いことをしても、支持率は30%を切らないと言われていますが、それは彼らが熱狂的に支持しているからという説もあります。

余談ですが、僕はアメリカのウエストバージニア州に住んだ経験があります。びっくりするぐらいの田舎です。２年間程度住むには良くても、この地に骨を埋められるかと問われれば、何か特別な愛着が無ければ、ちょっと難しいだろうなと思いました。しかも、ウエストバージニアの中でもさらに田舎へ進むと、家にテレビすらない。情報格差は著しかったですね。

そうした格差があっても、その格差自体が人間の生活を著しく制限するような社会というのは望ましくありません。じゃあ、それをどうやって抑止するのか？　今のところ僕の中で答えは見つかっていません。

企業は人工知能時代にどう立ち向かうべきか？

次に、企業についてお聞きします。

人工知能が高度に発達した10～20年後の世界では、どのような企業が生き残っているのでしょうか。人工知能を導入する企業、人工知能を開発する企業には、何が必要になってくるのでしょうか。

人工知能を導入する企業はどんどん仕事を自動化していくでしょうし、やがて人手はどんどん要らなくなっていくでしょう。

仕事を無くしているのは人工知能なのではなく、導入を決定した企業の中にいる人間です。人を減らしてより生産性を高めて、企業の付加価値を高めていくのでしょう。言い換えると、そうした取り組みができない企業の存在価値は、人工知能が浸透するにつれて薄れていってしまうのではないでしょうか。

一方、人工知能を作る企業は、ニーズに合わせて様々な製品を開発し、世の中に提供し続けなければなりません。しかし単なるプログラミングだけなら、今すでにあるＳＩｅｒと呼ばれるシステムインテグレート企業と何ら変わりありません。人工知能を開発する企業に必要な取り組みとは何でしょうか。

企業はどのような目線で人工知能を導入するか

これから先、人工知能を使う場面、人間が登場する場面、色々あるでしょうね。ただ、人間によってしか産み出せない製品やサービスを提供できない企業は、さっさと人工知能に切り替えていかないと、おそらく生き残れないでしょうね。

例えば5つ星の高級ホテルは、絶対に人間が対応すると決めているお客さんとの接点がありますよね。そこに価値があるからです。おそらく人工知能が浸透しても、その仕事自体は人工知能による代替が可能だったとしても、人間が対応し続けるのではないでしょうか。その方が、価値が高いからです。人が接するか、人工知能が接するか、本質的にはどちらの方が生産性が高く、付加価値が高いかで代替されるか否かが決まりますよね。人工知能に代替可能だとして、ホスピタリティと呼ばれるような無形価値を人工知能がどこまで発揮できるかは議論を呼ぶでしょう。

したがって、人工知能で十分代替できるのだけど、人がやった方が価値は高いと思われる領域に関しては、もしかしたら仕事として残るのかもしれません。

でも、安いホテルならどうでしょう。安いホテルに泊まりたい人って、ある程度のクオリティさえ担保されていれば、あとは安ければいいわけです。ある程度のクオリティなのにもかかわらず、高かったら誰も泊まりません。人工知能のロボットが人を代替できるなら、真っ先に人件費を削るために導入するでしょう。そうやって安さを維持していくはずです。

これから先、人工知能には発揮できない価値が明瞭で無い限り、人間を雇う必要は無いよね、と言われるようになるのではないでしょうか。それこそＶＡＬＵやＴｉｍｅｂａｎｋで人気を呼ぶほどのホスピタリティの持ち主であれば話は別ですが、という世界が訪れると僕は思います。

人工知能を開発する企業に必要な心構えとは

ソフトバンクが販売したＰｅｐｐｅｒは、僕の地元のお風呂屋さんでは、常に故障して下を向いていますが（笑）、ガンガン売れました。偉いなと僕は思いました。赤字覚悟で取り組まれたはずです。

実際にビジネスとして見れば赤字です。２０１７年７月には、開発・販売する企業が債務超過だという報道もありました。でも、ソフトバンクのグループ内では絶対プラスになっているはずです。**財務諸表には出てこない価値と経験をソフトバンクは得ることができたはずです。**

次のビジネスにつなげる発想があるから、ある程度のアクセルが踏める。ソフトバンクの場合は、ロボット産業での先行者利益を描いているからこそ、前進できるのでしょう。

多くの企業は、そういう発想ができず、リスクが取れないのではありませんか。「いつまでに、いくら儲かるの?」みたいな話しか出てこない。企業が得られる経験やブランド資産に目が向けられていないのです。

利益はビジネスモデルが左右するのであって、技術はビジネスを成功させる手段でしかありません。人工知能だけで儲けられるのは、おそらくまだ先ではないでしょうか。小銭ぐらいなら2018年現時点でも稼げるでしょうが、今はガッツリ儲からないと思います。

でも、人工知能で儲かる状況になってから始めるようじゃ遅い。その頃にはすでにデータが寡占されていて、巨大企業の提供するプラットフォームの上で細々と踊るしかない。それでいいのですか? ソフトバンクのトップからは「それは嫌だぜ」という明確なメッセージが発信されています。

もし「メリットは無いけどデメリットも無いなら、プラスマイナス0でいいじゃないですか」という発言をするような人がいたら、その人は絶対に経営者には向いていません。

そこが米国や中国との一番の違いかもしれません。経営者に人工知能を肌感覚で分かっている人がいない。あるいは、肌感覚で分かる人の助言を仰ごうとしない。分かる範囲でしか意思決定しないし、分かる人に権限移譲しない。

人工知能の将来なんてどうなるか分かりません、と言っている経営者もいます。でも、ここまで技術と課題が出そろっている中で将来が見通せない人は、はっきり言って経営のセンスが無いと僕は思います。**この本で話している内容は「すでに起こった未来」なんです。あとは自社で何をやるべきか、どの方角を向くかだけです。少なくとも、本書を読んで立ち止まっている経営者はおかしいです。**

ディープラーニングが誕生して、この先にどんな発見が続くかは分かりません。でも、おおよそこうなるであろうというのは、分からないほうがおかしい。Ｇｏｏｇｌｅ、Ｆａｃｅｂｏｏｋ、Ａｐｐｌｅ、百度、阿里雲、テンセント、ＨＵＡＷＥＩなど、人工知能を率先して取り入れている米国や中国の巨大ベンチャー企業の経営者なら、みんな気付いています。

だから取りあえずの先行投資として、スマートスピーカーを作ったり、自動運転車を始めたり、様々な取り組みを行っています。人工知能にはデータの蓄積が絶対に要るのですから、投資の観点からも先行してやるべきでしょう。

日本企業は、すでにこうした取り組みをしている米国や中国の企業に、２周半ぐらい遅れています。ここから追いつくとなると、各企業も政府も相当な努力が必要です。勝負の土俵にもあがっていないから、負けるも何もないです。だって、まだ多くの企業が「上司が人工知能で何か作れって言ってるんですけど、何したらいいですか？」って言っているんですから。

その間に米国も中国も、ディープラーニングを使ってどんどん先に行ってますよ。日本企業は人工知能に相当な先行投資をしないと、このまま差は開いたままでしょうね。もしかしたら２０３０年にすき家とか松屋で動いているロボットは、全部メイドインチャイナかもしれません。昔はメイドインチャイナというとすごい粗悪品というイメージでしたけど、メイドインチャイナの人工知能は高級品というラベリングはあり得る話です。

多くの経営者に訴えたいのですが、人工知能開発で問われているのは「これからの時代の企業のあり方」そのものなんですよ。歴史感が欠落しているから、人工知能を儲かるかどうかでしか判断できないんです。

労働の対価としての貨幣と、貨幣を中心とした経済が世界を席巻したのは、19世紀頃でしょう。そのタイミングと同時期に組織や企業が誕生して、第２次世界大戦後に体系立てて確立されたと考えています。ソ連が崩壊した20世紀の終わり、この体制はピークを迎えます。

そして、21世紀の現在。労働と貨幣の組み合わせは、人工知能が進化する時代に向いてないと僕は思います。社会や組織に人工知能を合わせようとしても無理です。社会や組織の思惑を超えて人工知能は進化しているのですから。人工知能の進化に組織や社会を合わせるべきです。

すなわち現在の延長線で考える限り、人工知能の進化を阻害しかねない。今の組織のあり方は、これからの人工知能の時代に向いていませんが、どうするんですか？　と問われているんですよ。

人工知能はそれぐらいインパクトのある存在であり、全ての人が受け止めなければならない存在だと僕は考えています。

政府は何をするべきか？

ついでに触れておきたいのが、政府の支援です。

政府からの「投資」、これは絶対に必要です。アメリカや中国、その他多くの先進諸国の政府が人工知能関連に対する投資を表明しています。かなりドーッとお金をつぎ込んでいる大国がある一方で、日本は法整備とかルール作りとか、お金は出さないが口は出すという姿勢ですよね。本当に何も分かっていないなと思います。

「モノ」が無い場合は、先に作ってしまった奴がルールメイカーになるに決まっています。現行の法体系に思いっきり抵触しない限り、サービスを提供して、ユーザーを増やして、エコシステム（経済圏）を作ってしまう方が良い。それがルールになるからです。

何も無い状況でルールを作っても、そんなの役に立ちません。どうせ新しくできたサービスに合わせてルールは上書きされるんですから。それがアメリカのやってきたことでしょう？　モノは作るから、人と金を寄越せって考えている企業は多いと思いますよ。

例えば、Ｇｏｏｇｌｅを見てください。一時、新聞社は自社が配信しているニュースのクロール（ＷＥＢサイト上の情報を収集する行為）は著作権の侵害だと大騒ぎしていましたよね。でも、結局法律的にはグレーであり、メリット・デメリットで見たらトータルでメリット面が大きいから、新聞社は受け入れました。それも、Ｇｏｏｇｌｅが良いプロダクトであり、膨大なユーザー数による経済圏が成立していたからです。

人工知能が起こそうとしている産業には、メリットもデメリットもあり、どちらの比重がこの先に大きくなるか分からずに不安を感じている人が多くいますよね。

その中で、「プラスかマイナスかまだ分からないんだから、もうちょっと慎重に見極めてからやろうぜ。まずは、やれるところからやっていこうぜ！」という人が日本の役所には多いんじゃないですかね。その間にアメリカとか中国、あとはフランスとかドイツとかが「どんどん行こうぜ、ガンガン行こうぜ」と進めています。

本当なら、日本政府こそ「お前ら真剣にやれよ！」と企業を叱咤してほしいですけど、自由主義経済だからそれはできないんでしょう。その点、中国は政府が企業を動かしているから機動性が高くて良いですよね。

統計学科の設置を

第２章で、ディープラーニングをビジネスに導入する上でのリスクの１つとして、「ディープラーニングを理解した人材の不足」を挙げました。ですから日本政府は、米百俵の精神で人材育成にトコトン力を注いでほしい。日本はこのまま第３次人工知能ブームに乗り遅れて、ブームが終わるのではないかと僕は思っています。だからせめて第４次人工知能ブームが訪れた頃には、トップを走るグループの中の１つぐらいに入るために、子どもたちの教育を整備してほしい。

そのためにも、まずは統計学科の設置を提案したいです。

アメリカに行くとだいたい、数学科と統計学科があるんです。統計学科は本当に必要です。あったら国のGDPを押し上げるんじゃないかと思っていますから。韓国にも8個か9個ぐらいあるんじゃないかな。アメリカなんか、どの大学にも普通にありますよ。

日本の場合、統計学が専門の学問として教えられていないのが問題です。数学科の一部か、あとは社会学の人、心理学の人がちょっとやっているだけでしょう。統計を教えている授業は一般教養科目としてあるのですが、統計学部として統計を体系立てて4年間みっちり教育している大学はほとんどありません。2017年から滋賀大学に学科が設置されましたが、まだまだ少なすぎます。

統計の手法はものすごく数があるので、そこら辺をちゃんと理解している人が、機械学習やディープラーニングをやるのと、統計を分かっていない人がやるのとでは全然違います。

そう言えば、戦後の日本の総理大臣で理系だったのは鳩山由紀夫と菅直人の2人だけでした。だから、サイエンス発想で物事を理詰めで進めていく方法論が、国に根付いていないのではないかとすら思えてしまう。

一般的なサイエンス感覚があれば、人間を凌駕する機械、人工知能的なモノが明日にもできるだろうという言説は、感覚的にちょっと違和感があるはずなんです。「そんなの今の時

代にできるか？」という素朴な疑問が湧かない方がおかしい。

そういう違和感や疑問を抱くか抱かないかだけでも、大きな違いかもしれない。統計の人は数学科への橋渡しもできるから、「翻訳」の役割も期待できると思います。

これから訪れる人工知能時代に向けて私たちが明日からできることは？

これで最後の質問です。

今回の本を通じて田中さんには、人工知能とは何か、ディープラーニングとは何か、人工知能はどのように進化して、これからの産業にどのような影響を与えるか、私たちはどのような働き方・生き方を選べば良いかについてお伺いしてきました。

２０３０年には人工知能は当たり前のように社会にあって、２０４５年には多くの仕事が奪われているでしょう。本書の読者の皆さんはその頃何歳になっているのか。そこから逆算をしたとき、これから取るべき選択肢は大きく変わってくると思います。

しかし、今回の話を通じて、この2~3年で劇的に変化するものでもないということが分かりました。つまり明日から直ぐにでも会社を辞める、人工知能導入部やシンギュラリティ部を作るという話ではない。

そこで田中さんにお伺いしたいのですが、本を読み終えた皆さんは、明日から何に取り掛かればいいのでしょうか？　明日です。直ぐに、気軽に始められる、人工知能時代へ向けた取り組みは何があるでしょうか。

ビジネスマンは今すぐプログラミングを始めよう

明日からですか。

そうですね、すでに社会人になっている方であれば、まずはプログラミングを始めましょうか。やるならPythonがオススメです。機械学習と言えばPythonが定番ですし、TensorFlowもPythonで使えます。人工知能を勉強するなら、最初に選ぶプログラミング言語はPythonが良いでしょう。僕はPythonに関する技術書も書いているので、それをぜひ手に取ってください（笑）。

プログラミングを勉強して、まずはディープラーニングをいじり倒してもらいましょう。実際にコードを書くことで「この程度のものか」という部分にも、「結構すごいな」という部分にも気づくはずです。今からでもいいので、知識のキャッチアップを始めましょう。

重要なのは、ディープラーニングを勉強することではありません。そんなのはガチでやっているエンジニアに任せればいいんです。実際に雰囲気に触れることで、何ができて何ができないのかを把握して、ビジネスへの導入を考えてほしいんです。

今、大勢のビジネスマンはディープラーニングで何ができるのか、人伝てで聞いた内容を鵜呑みにしているだけです。映画の予告編だけ見て超大作を作れる監督と期待して「うちでも映画撮ってください」と言っているようなもので、後になって「裏切られた」「大したことなかった」と言っているビジネスマンが多すぎます。

このままだとディープラーニングの熱が冷めてしまいます。技術的難易度が原因で熱が冷めるならまだしも、勝手に温めた人たちが今度は勝手に冷ましている。一体何なんだ！　という印象です。

だからこそ、ちゃんとディープラーニングを理解してほしいし、そのためにはサワリだけでも良いのでプログラミングに挑戦してほしいですね。

これからの21世紀を生きる子どもたちは数学をやろう

まだ大人になっていない子どもたちは、まずちゃんと数学をやりましょう。最低限でも数学ⅡＢはできるようになり、できれば数学ⅢＣもできてほしい。

もし、本書を読んでいるのが中学生か、中学生ぐらいのお子さんを持つ親なら、進学先として高専（高等専門学校）もオススメです。

日本の高専って、世界でも珍しい教育形態なんですよ。大学レベルの授業を高2ぐらいからスタートしちゃいますから。高校1年生が学ぶ授業を受け持っている先生が博士課程を持っているんですよね。それでいて、多くが国立なので授業料が安い。いいことずくめです。

その代わり、ちゃんと宿題とかやってないと、高校生なのに単位を落として留年します。

今から始めよう、今から動き出そう

結局、今からできることは何なのかと言えば、「コツコツ勉強しろ」ということだと思うんです。人間はすごく横着なので「サクッと分かんないの？」と思っている人が相当数いるでしょう。でも、サクッとは無理です。例えば理系の方なら、数学と統計とプログラムの基礎を一からしっかりやるしかありません。

なぜなら、**知識は反復練習でしか定着しないからです。知っているのと、知っていて実際に活用できるのとでは大きな差があります。**例えば営業やマーケティングの人なら、「知っている」の先に進んでほしい。ディープラーニングを表面的にでも知っていて、かつ、こうすればビジネスに活かせるのではないか？　という提案ができるようになってほしいです。

もし、もう理系教育は間に合わないと思うなら、せめて信用社会に備えて、ネット上を実名で生きられるように、ＹｏｕＴｕｂｅやＶＡＬＵを始めてみるのもいいかもしれません。ＳＮＳ上では匿名アカウントなのを良いことに、バカ晒している高校生や大学生が多いですけれど、まずバレますからね。

これまでの世の中は、ＳＮＳのアカウントを消せばなんとかなったかもしれませんが、人工知能の時代は、そうした評価は一生付いて回ります。なぜなら芝麻信用のように、ＳＮＳ上の評価がすなわち自身の信用の評価と見なされるからです。人工知能時代の「信用」という物差しはＳＮＳが決めると思っていた方が良いでしょう。ネットのどこかであなた自身を表現してはいかがでしょうか。

インターネットから匿名という概念は無くなると思った方がいいでしょうね。ネット上を実名で生きられる人が、これから訪れる人工知能時代を満喫できると僕は思います。

そしてもう1つ、これから起こる社会の変化に対して斜に構えないでほしいです。

この先、ちょっと途中で挫折して、立ち止まってしまうことがあるかもしれない。「そんなに難しいなら、もういいよ。どうせ働くといっても、あと15年か20年でしょ。別に今さら努力しても、どうせ人工知能に全ての仕事を奪われてるんでしょ。何をしたって意味無いじゃん」と考えてほしくないのです。

人工知能が浸透してあらゆる仕事を奪ったとしても、あなたの人生までもが奪われるわけではありません。もっとあなたを表現してください。

これから起こる変革の傍観者ではなく当事者として社会に参加してほしいです。議論に参加してほしい。選挙に行ってください。日本はとかく政治的発言がタブーとなっていますが、ここを打破してほしいです。政治家が私たちを利用するのではなく、私たちが政治家を利用する。人工知能が私たちを利用するのではなく、私たちが人工知能を利用する。未来を創るのは人工知能ではなく、人工知能を使う私たちです。

おわりに

本書の下書きが終わり、校正も終わり、最後の最後にて私が「おわりに」を書くことになりました。これが本書の中で私が書いた最初で最後の文章です。

私は文章が苦手なので、インタビューをもとに、松本健太郎さんに分かりやすい文章に書き起こしていただき、書籍を作ることになりました。松本さんのおかげで、かなり分かりやすい人工知能の本になったと思います。特に「ディダクション」の説明は大丈夫かな、と心配していたのですが、杞憂でした。さぞかし大変な作業だったに違いありません。何よりもまず、松本さんに感謝をお伝えします。松本さん、ありがとうございました！

世の中には、人工知能への恐怖、あるいは人工知能に対する曖昧な理解が蔓延しています。

そういう状況の中で、多くの人にとって人工知能の理解に役立つ本を出したいという思いから、この企画はスタートしました。

私は高校生のときに本田宗一郎さんの本を読みました。エンジンの性能や車の燃費が飛躍的に上がっていくこと、経済と車の発展について書かれており、多くのことを言い当てていて、すごく先見性を感じました。80年代に書かれた本かと思ったら、実は60年代に書かれた本で、大変驚かされました。先見性のある人の本は、30年経っても古びないのだなと思ったことを覚えています。

本田宗一郎さんの顰《ひそ》みに倣《なら》うわけではありませんが、同じ技術屋経営者として、人工知能の将来について考えてみようと思い、この本の依頼を受けました。

多くの方は、人工知能の研究開発を100メートル走のような短距離走と考えているかもしれません。実際は、車がそうであったように長距離走です。

車は、確かに60年代には完成していましたが、そこからエンジンの燃費向上やパワーを出すことに、多くの研究者が想像を絶する情熱を注いだことでしょう。人工知能の研究も同様に、時間や労力、そして情熱が必要です。人工知能の分野でも、現在では想像もできないようなことが30年後には実現していることでしょう。

この文章は、ｉＰｈｏｎｅの音声認識で書き、それに手を加えたものですが、1年前より精度が大幅に向上していて、こういうものまで音声認識で書けるようになったのかと、技術の進歩を痛感します。一瞬ですごい人工知能ができるわけではありませんが、多種多様な分野での進歩を目の当たりにする日々です。そのような数百年に一度の産業革命と言われる中で、最先端の研究開発を行える私は、きっと幸運に恵まれているのでしょう。本書で記してきたような人工知能がすでに誕生していますが、10年、20年と研究を重ねるにつれ、さらにすごい人工知能が誕生してくれるに違いありません。

本書の企画をしていただいた光文社の田邉浩司さん、田邉さんへつないでくださった流郷綾乃さん、編集をしていただいた光文社の三宅貴久さん、松本さんを紹介してくださった小川貴史さん、色々な方のリレーで、この本が生まれました。

皆様のご協力に大変感謝しております。

また、新しい技術革新の時代がやってきました。私も人工知能の研究をどんどんビジネスにつなげていき、新しい時代を創っていきたいと思います。

本書をお読みいただいた皆様には、大変感謝しております。イベントやセミナーなど、どこかでお会いできる日を楽しみにしております。

それでは、これから自動文章生成をビジネスにする方と飲みに行ってきます！

２０１８年１月４日
新年の新たな期待を胸に、八王子から新宿へ向かうあずさにて

Ｓｈａｎｎｏｎ　Ｌａｂ　代表　田中　潤

田中潤（たなかじゅん）

Shannon Lab株式会社代表取締役。アメリカの大学で数学の実数解析の一分野である測度論や経路積分を研究。カリフォルニア大学リバーサイド校博士課程に在籍中にShannon Labを立ち上げるため2011年帰国。人工知能の対話エンジン、音声認識エンジンを開発。開発の際は常にPythonを愛用。編著に『Pythonプログラミングのツボとコツがゼッタイにわかる本』（秀和システム）がある。

松本健太郎（まつもとけんたろう）

龍谷大学法学部政治学科、多摩大学大学院経営情報学研究科卒。さまざまなデータを駆使して政治、経済、文化などを分析・予測することを得意とし、テレビやラジオ、雑誌で活躍している。近著に『グラフをつくる前に読む本』（技術評論社）がある。

誤解《ごかい》だらけの人工《じんこう》知能《ちのう》 ディープラーニングの限界《げんかい》と可能性《かのうせい》

2018年2月20日初版1刷発行

著　者 ── 田中潤　松本健太郎

発行者 ── 田邉浩司

装　幀 ── アラン・チャン

印刷所 ── 近代美術

製本所 ── 榎本製本

発行所 ── 株式会社光文社
東京都文京区音羽1-16-6（〒112-8011）
https://www.kobunsha.com/

電　話 ── 編集部03(5395)8289　書籍販売部03(5395)8116
業務部03(5395)8125

メール ── sinsyo@kobunsha.com

ISBN 978-4-334-04338-4

909
テロvs.日本の警察
標的はどこか？
今井良
いま、ヨーロッパを中心に世界中でテロが頻発している。日本に暮らす私たちも、テロと決して無縁ではない。民放テレビ局で警視庁担当記者を務めた著者が、テロ捜査の最前線を描く。
978-4-334-04315-5

910
小説の言葉尻をとらえてみた
飯間浩明
小説の筋を追っていくだけでなく、ことばにこだわってみるのも楽しい。『三省堂国語辞典』編集委員のガイドで、物語の中で語られることばの魅力に迫っていく、異色の小説探検。
978-4-334-04316-2

911
炭水化物が人類を滅ぼす【最終解答編】
植物vs.ヒトの全人類史
夏井睦
前作で未解決だった諸問題や、「糖質セイゲニストの立場から生命史・人類史を読み直す」という新たな試みに挑む。19世紀的知識の呪縛とシアノバクテリアの支配から人生を取り戻す。
978-4-334-04317-9

912
労働者階級の反乱
地べたから見た英国EU離脱
ブレイディみかこ
トランプ現象とブレグジットは似て非なるものだった！　英国在住、労働者のど真ん中から発信を続ける保育士兼ライターが、常に一歩先を行く国の労働者達の歴史と現状を伝える。
978-4-334-04318-6

913
ブラック職場
過ちはなぜ繰り返されるのか？
笹山尚人
電通の社員だった高橋まつりさんの過労死事件は、私たちの社会に大きな課題を突きつけた。なぜ、ブラックな職場はなくならないのか？　豊富な事例を交え、弁護士が解決策を示す。
978-4-334-04319-3

914
2025年の銀行員
地域金融機関再編の向こう側
津田倫男

地銀・第二地銀、信金・信組の再編が進まない理由は、勲章にあった!?――最新情報に基づく地域金融機関の再編予測と、その中でも生き残る銀行員・地金《ちきん》パーソン像を解説。

978-4-334-04320-9

915
医学部バブル
最高倍率30倍の裏側
河本敏浩

「東大文系より私立医学部」の時代――医学部進学予備校を主宰する著者が、その最前線の闘いを活写。また、豊富な指導経験をベースにした効果的な勉強法を提示する。

978-4-334-04321-6

916
女子高生 制服路上観察
佐野勝彦

膝上スカート、ずり下げリボン、なんちゃって制服…「だらしない」では現象の本質は見えない。街で20年、観察とインタビューをしてきた著者が明かす10代のユニフォームの全て。

978-4-334-04322-3

917
「家事のしすぎ」が日本を滅ぼす
佐光紀子

「手づくりの食卓」「片付いた部屋」……「きちんと家事」への憧れと呪縛が日本人を苦しめる――。多くの聞き取りや国際比較を参照しながら気楽な家事とのつきあい方を提案する。

978-4-334-04323-0

918
結論は出さなくていい
丸山俊一

『ニッポンのジレンマ』『英語でしゃべらナイト』『爆笑問題のニッポンの教養』等、NHKで異色番組を連発するプロデューサーによる逆転の発想法。強迫観念・過剰適応の時代のヒント。

978-4-334-04324-7

919
精神鑑定はなぜ間違えるのか？
再考　昭和・平成の凶悪犯罪
岩波明

附属池田小事件、新宿・渋谷セレブ妻夫バラバラ殺人事件、池袋通り魔殺人事件、連続射殺魔・永山則夫事件、帝銀事件――ベストセラー『発達障害』の著者が明かす精神医学の限界。

978-4-334-04325-4

920
ラーメン超進化論
「ミシュラン一つ星」への道
田中一明

近年、ラーメン店主たちの調理技術は飛躍的に向上し、ついにミシュランの星を獲得する店も誕生。1杯1000円に満たない値段で体験できるその奥深き世界を、「ラーメン官僚」がレポート。

978-4-334-04326-1

921
コミュニティー・キャピタル論
近江商人、温州企業、トヨタ、長期繁栄の秘密
西口敏宏　辻田素子

優れたパフォーマンスを示すコミュニティーの特徴とは？　経済繁栄はいかに生まれ、長く維持されるのか。最新のネットワーク理論とフィールド調査から、ビジネスのヒントを探る。

978-4-334-04327-8

922
手を洗いすぎてはいけない
超清潔志向が人類を滅ぼす
藤田紘一郎

手洗いに石けんはいらない。流水で一〇秒間だけでいい。きれい好きをやめて、もっと免疫を強くする術を名物医師が提唱。あなたの常識をガラリと変える、目からウロコの健康法！

978-4-334-04328-5

923
雲を愛する技術
荒木健太郎

豊富なカラー写真と雲科学の知見から、身近な存在でありながら本当はよく知られていない雲の実態に迫っていく。雲研究者が愛と情熱を注ぎこんだ、雲への一綴りのラブレター。

978-4-334-04329-2

924

追及力
権力の暴走を食い止める

望月衣塑子　森ゆうこ

森友・加計問題の質疑で注目される新聞記者と政治家が「問う意味」を巡り大激論。なぜ二人は問題の本質を見抜けたのか？　一強多弱の今、ジャーナリズムと野党の意義を再考する。

978-4-334-04330-8

925

美術の力
表現の原点を辿る

宮下規久朗

絵画とは何か、一枚の絵を見るということは、芸術とは――。初めてのイスラエルで訪ね歩いたキリストの事蹟から、津軽の供養人形まで。美術史家による、本質を見つめ続けた全35編。

978-4-334-04331-5

926

応援される会社
熱いファンがつく仕組みづくり

新井範子　山川悟

単なる消費者ではなく能動的な「応援者」を増やすことが、生涯顧客価値を高めていく――。熱いファンによって支えられる国内外の会社の事例をもとに、「応援経済」をひもといた。

978-4-334-04332-2

927

1985年の無条件降伏
プラザ合意とバブル

岡本勉

'80年代、あれほど元気でアメリカに迫っていた日本経済が、なぜ「失われた20年」のような長期不況に陥ってしまったのか？　現代日本史の転換点を臨場感たっぷりに描く。

978-4-334-04333-9

928

老舗になる居酒屋
東京・第三世代の22軒

太田和彦

佳き酒、肴は、店主の誠実さの賜。東京に数ある居酒屋の中で、開店から10年に満たないような若い店だが、今後老舗になっていきそうな気骨のある22軒を、居酒屋の達人・太田和彦が訪ね歩く。

978-4-334-04334-6

929
患者の心がけ
早く治る人は何が違う？
酒向正春

良い医療、良い病院を見分けるには？　多くの患者さんに奇跡をもたらしてきた脳リハビリ医が語る、医療の真髄――医療の質、チーム医療、ホスピタリティ――と回復への近道。

978-4-334-04335-3

930
メルケルと右傾化するドイツ
三好範英

メルケルは世界の救世主か？　破壊者か？　メルケルの生涯と業績をたどり、その強さの秘密と危機をもたらす構造を分析する。山本七平賞特別賞を受賞した著者による画期的な論考。

978-4-334-04336-0

931
常勝投資家が予測する日本の未来
玉川陽介

空き家問題、人工知能によってなくなる仕事、新たな基幹産業、国策バブルの着地点――。「金融経済」「情報技術」「社会システム」の観点から「２０２５年の日本」の姿を描き出す。

978-4-334-04337-7

932
誤解だらけの人工知能
ディープラーニングの限界と可能性
田中潤
松本健太郎

人工知能の研究開発者が語る、第3次人工知能ブームの終焉の可能性と、ディダクション(演繹法)による第4次人工知能ブームの幕開け。人工知能の未来を正しく理解できる決定版！

978-4-334-04338-4

933
社会をつくる「物語」の力
学者と作家の創造的対話
木村草太
新城カズマ

ＡＩ、宇宙探査、核戦争の恐怖…現代で起こる事象の全ては「フィクション」が先取りし、世界を変えてきた。憲法学者とＳＦ作家が、現実と創作の関係を軸に来るべき社会を描く。

978-4-334-04339-1